Martin Rötting

Religionen in der Zukunft!?

Krisen, Herausforderungen, Spiritualitäten
und interreligiöse Optionen

Martin Rötting

Religionen in der Zukunft!?

Krisen, Herausforderungen, Spiritualitäten und interreligiöse Optionen

eos

Coverdesign und Layout:
Orinta Z. Rötting unter Mitarbeit von Jeremijas Rötting

mail@eos-verlag.de
www.eos-verlag.de

ISBN 978-3-8306–8232-5

Bibliografische Information der Deutschen Bibliothek
Die Deutsche Bibliothek verzeichnet diese Publikation
in der Deutschen Nationalbibliografie;
detaillierte bibliografische Angaben
sind im Internet unter http://dnb.ddb.de abrufbar.

Printed in Germany

INHALTSVERZEICHNIS

Vorwort

Selbstverständlich kann ich nicht in die Zukunft der Religionen sehen. Aber die Spuren zu lesen, wie und in welcher Weise sich Religionen transformieren werden, treibt mich umso mehr um, je mehr ich mich mit den verschiedenen Formen von Spiritualität und ihren Verhältnissen zu den Religionen befasst habe. Und nicht zuletzt gehört das Nachdenken über die Zukunft von Religion ja mit zur Grundfrage, was Religion ist. Jedenfalls ist die Beschäftigung mit der Frage auf persönlicher Ebene auch spirituell anregend, wenn auch anstrengend. Lohnend allemal!

Besonders spannend und gewinnbringend ist so eine Analyse, wenn sie nicht nur im stillen Kämmerlein akademischer Schreibstuben erfolgt, sondern auch in der gemeinsamen Arbeit mit Kolleg*innen. Neben dem Doktorand*innenkolleg für Religious Studies der Paris-Lodron-Universität Salzburg waren dies vor allem Vertreter*innen und Mitarbeiter*innen im Seelsorgeamt der Erzdiözese Salzburg und verschiedene Gesprächspartner*innen und Kolleg*innen wie P. Thomas Timpte OSB (Südkorea), Gregor Hohberg (House of One Berlin), Matthias Hohla, Bettina Bäumer, Markus Vogt (LMU München) – um nur einige zu nennen. Besonders dankbar bin ich auch den Mitgliedern von OCCURSO e.V. und vielen im Haus der Kulturen und Religionen in München e. V. Aktiven für unendlich viele und anregende Debatten über die zukünftigen Formen von Religion und Spiritualität. Mit vielen sehr guten Hinweisen und Ideen hat mich meine Frau Orinta Z. Rötting beglückt und auch den Satz verantwortet. Besonders dankbar bin ich den Teilnehmer*innen des Seminars „Religion der Zukunft“, die im Wintersemester 2023/2024 das Manuskript intensiv besprochen haben: Randa Abdulla, Helga Eibner, Pia Anastasia Knödler, Hannah-Sophie Kroker, Michael Prentner, Hans Riefler, Rudolf Johann Schrofner und Kurt Krammer. Johanna Katharina Voithofer als Studienassistentin danke ich für die orthographische Korrektur und manche inhaltliche Hinweise, ebenso Frau Melissa Oosterom, die das Manuskript abschließend geprüft und ebenso wertvolle Hinweise zur Verbesserung gegeben hat.

Salzburg, im Mai 2024

Imagine there's no countries
It isn't hard to do
Nothing to kill or die for
And no religion, too
Imagine all the people
Livin' life in peace

John Lennon

Die Zukunft der Religionen hängt vor allem davon ab,
ob sie sich in den Dienst aller Menschen stellen können.

Dalai Lama

Einleitung

Die großen Religionen sind im Umbruch – in Europa wird dies besonders an der Situation der Kirchen deutlich, aber auch in anderen Teilen der Welt verändern sich die Gefüge religiöser Organisationen. Doch nicht nur große Religionssysteme sind im Wandel, besonders auch die individuelle Spiritualität hat sich durch die religionspluralistischen Gesellschaften verändert. Beide Aspekte führen zu der drängenden Frage, wie die Religionen von Morgen aussehen werden. Als Religionswissenschaftler aber auch als ein Mensch mit eigener Spiritualität und Religionszugehörigkeit möchte ich natürlich nicht den Blick in die Glaskugel wagen, sondern versuchen, mit einem wissenschaftlich analytischen und vielleicht auch liebevollen Blick auf die empirischen Daten von individueller Spiritualität und organisierten Religionsstrukturen zu blicken, um zu verstehen, wie sich Religionen entwickeln könnten.

Ein wesentlicher und besonders spannender Aspekt ist die Vernetztheit der individuellen Spiritualitäten und unterschiedlicher Religionen und religiöser Traditionen, die dazu führt, dass Religionen in Zukunft nur im Kontext interreligiöser Bezüge verstanden werden können.

Selbstverständlich interessiert es die Verantwortlichen in Religion, Politik und Gesellschaft, seitdem es religiöse Strukturen und Religionen gibt, wie sich diese in Zukunft entwickeln werden. Die Geschichte hat Religionen kommen und gehen sehen, sie haben sich verändert und vor allem hat sich erst langsam der Begriff „Religion“ herausgebildet, so wie wir ihn heute verstehen. Oft waren es Umbruchsituationen, die besonders dazu herausgefordert haben, über die Zukunft der Religionen nachzudenken.

Die ersten strukturierten Studien und Essays sind im 19. Jahrhundert aufgekommen. „Die Zukunft der Religion“ (Schweizer 1878, 137-142) erschien 1878 und ist ein Spätwerk des protestantischen Theologen Alexander Schweizer, der nach seinem Studium in Zürich und Berlin 1835 Professor der praktischen Theologie an der 1833 gegründeten Universität Zürich wurde. Schweizer beginnt seine Analyse:

> „Die Religion hat ihre Zeit gehabt, in welcher sie wohltätig wirken mochte; jetzt aber, von der Kultur überholt, kann sie diese nur noch

> hemmen und muß beseitigt werden – das ist nicht etwa bloß die Behauptung einer extremen Partei, sondern das Schlagwort, in welches die verschiedenen geistigen Strömungen der Gegenwart zustimmen wie zu einem gemeinsamen Chor. An das Requiem für die Religion schließen sich Lobgesänge zum Preis der religionslosen frei humanen Sittlichkeit, die man endlich zu verwirklichen beginne. Statt dieser könnte aber auch der Zusammensturz aller Kultur uns niederwerfen, wenn etwas ist in dem alten Wort, man baue leichter eine Stadt in den Wolken als einen Staat ohne Religion. Das Abhören dieser Stimmen muss den Weg bahnen zu ihrer Prüfung und zur richtigen Würdigung der Religion.“ (Schweizer 1878, 1)

Schweizer schließt nun mit einem Kapitel religionskritischer Stimmen und einem zu religionsbefürwortenden Stimmen an. Ein abschließendes Fazit lässt ihn trotz widriger Debatte und Argumente der Humanisten dazu kommen, dass die

> „Religion (…) Zukunft hat und kann nicht vergehen, als nur in der Weise wie alles ideale Leben im Menschen unterdrückt werden mag, immer aber sich wieder regt und wieder frei empor will, weil die Unterdrückung uns edel macht.“ (Schweizer 1878, 67)

Hinter dieser für die Religion eher optimistisch gestimmten Zukunftsdebatte steht klar der Kampf der europäischen Aufklärung.

Die Frage nach der Zukunft der Religion bleibt bestehen, aber verändert sich. Jean Daniélou hat sie sich 1968 im Licht der Studentenbewegung gestellt. „L'Avenir de la Religion“ wurde 1998 als „Die Zukunft der Religion“ bereits auf Deutsch vorgelegt. Geprägt durch die Proteste der Student*innen sieht er die Zukunft in einer neuen Glaubensgewissheit (Daniélou 1969).

Diese Bewegung aufnehmend fragt 1970 der Jesuit und damalige „Atheismusbeauftragte“ des Ordens Rupert Lay, ob es eine „Zukunft ohne Religion“ geben könne (Lay 1974). Bereits der Klappentext bahnt den Weg zu Lays Antwort: „Ist das Christentum am Ende? Zersetzt es sich selbst? Wird es überhaupt einmal eine Zeit ohne alle Religiosität geben, oder werden die Religionen in einer sich heute kaum zu übersehenden Zeit wandeln?“

(Lay 1974, Klappentext vorne). Einen gefährlichen Gegenentwurf sieht Lay damals im Marxismus. Die Analyse und Auseinandersetzung könne das Christentum wieder „zur Besinnung auf das Christliche führen" (163). Das Christentum gäbe die pragmatischeren und realistischeren Antworten auf die Frage nach Sinn (174).

Um die Jahrtausendwende hatte die Frage nach der Zukunft der Religion naturgemäß Konjunktur. Ein mögliches Szenario liefert der Titel „Hat der Glaube Hoffnung? Von der Zukunft der Religion am Beginn des 21. Jahrhunderts" (Drewermann 2000). Nach Überlegungen zum „Nichtmachen" (20-50) des Buddhismus als Herausforderung für das Christentum, der „prophetischen Reinigung" der Nächstenliebe (65-106) und der Weisheit der Symbole und Gleichnisse (147, 211-290), kommt Drewermann zum Schluss:

> „Die Zukunft der Religion, so viel steht fest, gehört nicht länger den Verwaltungsbeamten eines müde gewordenen, schläfrigen Gottes; sie gehört allein den sich Wagenden: den Propheten, den Therapeuten, den Dichtern, und sie wird wahr in dem Augenblick, wo diese drei Seiten der Menschlichkeit und Wirklichkeit sich in ein und derselben Person zusammenfinden." (Drewermann 2000, 292)

Im Verlag der Weltreligionen hat Nancy Frankenberry, Professorin für Religionswissenschaft an der University of California in Berkely, ein Gespräch von Richard Rotry und Gianni Vattimo zur „Zukunft der Religion nach der Metaphysik" veröffentlicht (Rorty et al. 2009, 67-99), welches am 16. Dezember 2002 in Paris stattgefunden hat. Zunächst erörtern die beiden Philosophen den Wandeln vom metaphysischen zum postmetaphysischen Denken, das sie als „schwaches Denken" bezeichnen. Rorty bringt es pointiert auf den Punkt: „Sich vom metaphysischen Logos zu lösen ist so ziemlich dasselbe, wie das Streben nach Macht aufzugeben und sich mit Nächstenliebe zu begnügen" (Rorty et al. 2009, 68). Ausgehend vom amerikanischen Pragmatismus stellt Vattimo fest, dass „Geist im wesentlichen Gespräch ist" (Rorty et al. 2009, 86). Eine sich dann entwickelnde „Ethic without Transcendence (Rorty)" würde ohne die mit Freud erklärbare Sehnsucht nach Reinheit verzichten. Alles scheint sich zu einem eher pragmatischen Gespräch der Suche zu entwickeln, in dem die Nächstenliebe als eine Verankerung von Religion bliebe.

Einen weiten Leser*innenkreis erreicht Ken Wilber mit „The Religion of tomorrow“ (Wilber 2018). Darin analysiert Wilber die Notwendigkeit der Religion von Morgen anhand seiner Integralen Theorie, in der die bisherigen Bewusstseinsstufen der Menschheit integriert werden, und kommt zu dem Schluss, die Religion von morgen müsse “Waking Up,” “Growing Up,” “Cleaning Up,” und “Showing Up” (Wilber 2018, 78) sein. Aufbauend auf Jean Gebsers „Ursprung und Gegenwart“[1] entstand eine Bewegung, die versuchte, die Entwicklung der Religionen in Stufen zu verstehen, an deren Ende eine Integrale Religion stünde, die alle bisherigen Stufen mit einbeziehe und transzendiere.

Eine prominente religionswissenschaftliche Stimme, die sich mit Überlegungen zur Zukunft der Religion zu Wort gemeldet hat, ist Linda Woodhead[2]. In einem Vortrag des Religion Media Centre in der Kirche St. Brides in London am 22. September 2022 nahm Woodhead Bezug auf den Zensus von 2021 in Großbritannien. Dabei wurde ein Rückgang derer, die sich als Christ*innen identifizieren, auf unter 50% erwartet, wohingegen die „nones“, also jene, die sich mit keiner der angegebenen Traditionen identifizieren, auf über 33% steigen könne. Muslime/Muslimas würden, so sei die Erwartung, auf 8% steigen. Woodhead bietet vier Vorhersagen zur Zukunft der Religion, wobei sie die religiösen Bewegungen und Phänomene anhand von fünf „Zeichen der Vitalität“ analysiert: intellektuelles Verstehen des Metaphysischen, Fortführen von institutionalisierten Praktiken, Gemeinschaft und Zugehörigkeit, Ethik und Werte und spirituelle Verbindung mit dem Heiligen. Anhand dieser Methodik analysiert sie vier Trends im religiösen Leben der Brit*innen: Fundamentalismus, Integration der Muslime/Muslimas, Magie und der Rückgang der Religion, der Verkauf von Kirchen und die Zunahme von „Non-Religion“. Dabei hätte der Fundamentalismus „die Schlacht gewonnen, aber den Krieg verloren“, so Woodhead. Der Konservativismus nach dem Krieg und ausschließende ethische Orientierungen würden von der nächsten Generation nicht übernommen, sie würden sich abwenden. Säkulare Agenten hätten dabei viele zuvor von den Kirchen verantwortete Aufgaben in Bildung und Wohlfahrt übernommen. Für Woodhead ist besonders das Versagen der Mehrheitsreligion in moralischen Fragen und die Brüskierung der Menschen in vergangenen Jahren ein „wirklich schwerer Fehler“. Die Missbrauchsskandale seien dabei nur der „letzte Nagel auf dem Sarg“. Die Muslime/Muslimas würden in Großbritannien inzwischen ihren Platz finden, der kulturelle Beitrag des Islams sei beträchtlich und die von ihr vorgeschlagenen fünf Kriterien der Vitalität würden vom Islam erfüllt. Magie (magic) beeinflusse allgemeine Gebräuche und habe die Vorstellungen z.B. des Todes verändert. Statt „death" würde immer öfter „passing" verwendet, Engel auf den Gräbern mit Schmetterlingen für neues Leben dekoriert und Traumfänger hingen in den Bäumen, so Woodhead. Die Erde sei zu Gaia geworden. Dabei seien diejenigen, die religiös oder spirituell seien, in der Minderheit:

> „Meine These ist, dass etwa einer von fünf, etwa 20 Prozent der Menschen in jeder Generation, in jeder Epoche, in jeder Gesellschaft, die nicht von religiöser Unterdrückung geprägt ist, ein frommes Interesse an Religion, Magie oder Spiritualität haben. Und das hat sich nie wirklich geändert. Ich glaube, sie waren immer in der Minderheit. Und ich denke, sie werden immer in der Minderheit bleiben."[3]

Rody Stark, der Begründer der Rational Choice Theorie der Religion, analysiert gemeinsam mit Bainbridge 1986 in "The Future of Religion: Secularization, Revival and Cult Formation" (Stark and Bainbridge 2023), welche Rolle wirkmächtigen Kulten und Sekten (Cults, Sects im amerikanischen) in den USA spielen.

> "Both cults and sects are deviant religious bodies – that is, they are in a state of relatively high tension with their surrounding sociocultural environment." (Stark & Bainbridge 2023, 25)

Eine für die amerikanische Situation wichtige spirituelle Form beschreiben sie als Cult Movements, die, so argumentieren Stark und Bainbridge, der Religion ähneln, aber dynamischer sind:

> "When the spiritualist medium is able to get his or her clients to attend sessions regularly on Sunday morning, and thus in a Christian context, to sever their ties with other religious organizations, we observe the birth of a cult movement (Hervorhebung SB). Cult movements are full-fledged religious organizations that attempt to satisfy all the religious needs of converts. Dual membership with another

> faith is out. Attempts to cause social change by converting others, become central to group agenda". (Stark & Bainbridge 2023, 29)

Die Theorie von Stark und Bainbridge geht davon aus, dass Menschen nach Belohnung streben. Sind diese nicht verfügbar, werden Ersatzbelohnungen gesucht. Kulte wären demnach auf bestimmte Bedürfnisse ausgerichtete und mit Belohnungen versehene Religionsformen. Für Stark und Bainbridge führt die Säkularisation zu schwachen Großkirchen, was wiederum als Ersatzleistung Kulte entstehen lässt. Roy Wallis[4] sieht hier eine starke Fokussierung auf die USA und hält die von Stark und Bainbridge für Europa herangezogenen Daten für fehlerhaft interpretiert.

Der Blick in die Zukunft hat sich sogar als eigener Forschungszweig etabliert. Der Salzburger Robert Jungk gilt gemeinsam mit Johan Galtung als derjenige, der Zukunftsforschung als eigenen Wissenschaftszweig etabliert hat. Impulse gaben neben den Erfahrungen des Holocausts und der atomaren Bedrohung im Kalten Krieg auch Bedenken über die Ausbeutung der Erde. Die Religionen finden im Denken von Jungk keinen zentralen Platz.[5] Als Jude fand er Trost in den Texten Bubers, sah aber für sich nicht in Israel die Zukunft des Judentums, sondern zog die weitere Perspektive des Weltbürgers/der Weltbürgerin vor. In der von Jungk eingerichteten Zukunftsbibliothek ist dennoch eine Rubrik Religion zu finden.[6]

Die bisherigen Versuche, den Blick in die Glaskugel zu werfen und dann über die Religion oder Religionen in der Zukunft zu sprechen, erweisen sich als notwenige Option, um die erkannten Herausforderungen zu meistern.

Tatsächlich entsteht auch in einer heutigen Gegenwartsanalyse der Religionen der Eindruck, dass sich an vielen Orten die Religionen in einer außerordentlichen Krise befinden.

Wie kann ein Blick in die Glaskugel der Zukunft der Religionen aussehen, der wissenschaftlichen Ansprüchen genügt? Zunächst muss festgestellt werden, dass man schlicht nicht wirklich wissen kann, wie die Religionen von morgen sein werden. Aber – und das ist der hier eingeschlagene Weg – es ist nach dem Analysieren der gegenwärtigen Situation möglich, Herausforderungen zu benennen und mögliche Optionen aufzuzeigen, um wahrscheinliche Formen der Religionen von morgen zu beschreiben.

Dieser Essay beginnt mit *Kapitel 1*, das eine *Skizze der Geschichte der Religion von ihrer Geburt bis heute* bietet. Dies kann nur ein recht grober Überblick sein, in dem vor allem Strukturen herausgearbeitet werden sollen, die für den Versuch, die Geschichte in die Zukunft weiterzuschreiben, hilfreich sein können.

Kapitel 2 versucht eine *Methode religionswissenschaftlicher Meteorologie* zu entwickeln. Dabei ist entscheidend, die Parameter gegenwärtiger Strukturen von Religion und Spiritualität zu erfassen, die für eine mögliche Prognose wichtig sind.

Kapitel 3 bringt schließlich einige *exemplarische Gegenwartsanalysen*, anhand derer in möglichst konkreten Feldstudien die Situation der betroffenen Religionen und Spiritualitäten untersucht werden soll. Anhand der Situation von Kirche, Sangha, Umma, des jüdischen Volkes und der neuen Formen von Spiritualität sowie Interreligiosität wird deutlich, dass die traditionellen Religionen sich unterschiedlichen Herausforderungen zu stellen haben.

Kapitel 4 zeigt sich hieraus *ergebende Optionen* auf. Dabei werden vier mögliche Entwicklungen untersucht: das Neuerstarken einer Religion (Phönix aus der Asche), die Geburt einer neuen Religion aus einer spirituellen Bewegung, die Veränderung von Religion durch Graswurzelbewegung und mögliche Auswirkungen von interreligiösen Prozessen.

Kapitel 5 zeichnet daraus folgend eine *mögliche Form zukünftiger Religion*, die erfahrungsgeläutert, visionär und basisdemokratisch sein dürfte. Dabei spielen sich andeutende Transformationsprozesse in der Leitungsstruktur von Religionen eine Rolle. Religionen der Zukunft, so eine Vermutung, werden netzwerkorientierter sein, mit Schirm-Vertretungen dieser Netzwerke.

Ein *Fazit* versucht, die Ergebnisse der dargebotenen Überlegungen im Sinne einer angewandten Religionswissenschaft in ihren Konsequenzen für betroffene Gläubige, Interessierte und Verantwortliche innerhalb religiöser Organisationen zu formulieren.

Kapitel 1: Von der Geburt der Religion bis heute

Bevor man sich einer Gegenwartsanalyse der Religionen zuwenden kann, muss man sich wenigstens einen Überblick über ihren Weg durch die Geschichte verschaffen. Dabei ist es allerdings fast unmöglich zu sagen, wann das, was wir heute Religion nennen, begonnen hat.

Die Geburtsstunde der Religion ist nicht wirklich historisch greifbar. Die ersten Grabbeigaben[7] erzählen vermutlich davon, dass die Menschen an ein weiteres Leben, einen Übergang glaubten, für das diese Gaben hilfreich seien.

Djung Chung sieht in der Entwicklung der Religion (D. Chung 2018) eine Anpassung der Menschen an ihre soziale Umwelt, um durch soziale Bindung (über den Tod hinaus und in der Gruppe) die Überlebenschancen zu verbessern: „Die religiöse Evolution ist die Evolution der menschlichen Vorstellungskraft, um die Überlebenschancen unter existenziellem Druck zu verbessern, wie z. B. die religiöse Stärkung sozialer Bindungen, um die Überlebenschancen der sozialen Gruppe zu verbessern, und die religiöse Linderung von Stress und Angst, um die Überlebenschancen des Einzelnen zu verbessern."[8]

Einer der spektakulärsten Funde aus dem Jahr 2013 ist der Homo Naledi[9] in der Rising-Star-Höhle in der Dinaleid Chamber in Südafrika, einer der Vorfahren des Homo Sapiens. 2015 konnten die Funde als die ersten der neuen Art Homo Naledi zugeordnet werden. Laut Untersuchungen von 2017 sind die Fossilien 335.000 bis 236.00 Jahre alt.[10] Der Homo Naledi hatte ein kleineres Gehirn als der spätere Homo Sapiens, konnte aufrecht gehen und bearbeitete Werkzeuge. Dieser Fund in einer tiefer gelegenen Kammer der Höhle, die nur über einen Schacht zu erreichen ist, hat Auswirkungen auf unsere Frage zur Entstehung der Religion. Das Team um Lee Berger kam zu dem Schluss, dass es sich um eine Begräbnisstätte handelt (L. Berger and Hawks 2017). Der Leichnam wurde mit einem Werkzeug in der Hand begraben, so die Vermutung. Das Team fand außerdem Reste von kleinen Feuerstellen und Rautezeichen am Eingang zum Schacht in die Höhlenkammer des Bestattungsortes. Der

Homo Naledi, obwohl mit kleinerem Hirn, hatte, so kann vermutet werden, eine Vorstellung vom Leben nach dem Tode und ein Ritual, das die Trauer verarbeitet und sich um einen guten Ort für die Toten kümmert. Denn das Werkzeug in der Hand eines bestatteten Toten macht nur so Sinn, vermuten viele. Stehen wir also am Grab eines Homo Naledi gleichzeitig an einer Geburtswiege der Religion des Menschen? Und sogar einer Gattung Mensch, die älter ist als wir selbst? Wenn ja, dann ist Religion älter als unsere Gattung Mensch, Homo Sapiens.

Diese Debatte in der Wissenschafts-Community ist lange noch nicht abgeschlossen.[11] Fragen des Sprachvermögens und der sozialen Funktion der Bestattung werden erörtert.

Du Toit (2017) fragte in einem Beitrag der HTS Theological Studies: „Hat uns die Evolution damit ausgestattet, mit dem Tod zurecht zu kommen?“ – Ist es möglich, dass die Bestattungsform des Homo Naledi in der Rising Star Cave der Dinaleid Chamber eine möglich Form, wenn auch evolutionäre Frühform, von Religion ist?

> “But many mechanisms, both philosophical and religious, are successful in helping people deal with their own mortality and that of loved ones. It is also a possibility that H. naledi’s disposal of their dead, if that indeed happened, had a positive effect on them. The act would have been meaningless if this was not the case.” (Du Troit 2017)

Ritualbestattungen werden dann in späteren Phasen der Menschheit regelmäßig gefunden und gelten als Frühform von Religion.

Die ältesten schriftlichen Aufzeichnungen, die man als religiös deuten kann, sind Ritualangaben. Die Kesh Tempel Hymnen (2600 BCE), auf Tontafeln überliefert, gelten als eine der ältesten schriftlichen Zeugnisse von Religion.[12]

Die ältesten religiösen Texte, wie das etwa 1500 BCE entstandene Rig Veda[13], sind Ritualtexte. Wichtige und einflussreiche Texte, wie die Bhagavad Gita, die etwa 5.-2. Jh. BCE entstanden ist, befasst sich mit dem Ringen des inneren göttlichen Selbst mit der wandelnden Welt.

Die Tora als grundlegende Schrift für die abrahamitischen Religionen, zeichnet die Verbindung und den Weg eines Stammes, dann eines Volks mit ihrem Gott JHWH nach.

Die chinesischen Texte der Schulen des Laotse und Konfuzius beschreiben einen Weg der Weisheit, der auch eine Harmonie zwischen dem Menschen, seiner Familie und dem Staat herstellt.

Religionen sind, angefangen von den spirituell fokussierten Formen bis hin zu denen, die gesellschaftlich wirken, Ordnungssysteme. Sie stellen Sinnkarten bereit, die das Herz, das Bewusstsein, das Verhältnis in der Familie und in der Gruppe bis hin zu einer Gesellschaft, in Einklang mit sich selbst und andern zu bringen versprechen.

Ein Grundthema ist dabei das Ringen zwischen egoistischen Trieben und Leidenschaften mit dem, was als gut empfunden wird. Viele Sinnkarten der Religionen teilen diese Kräfte in Gut und Böse ein. Neben dem Ringen mit den oft im Inneren der Seele gesehenen Leidenschaften empfehlen Religionen oft eine Ausrichtung auf eine göttliche Kraft. Durch diese enthält nicht nur die Sinnkarte der Religion ein Ziel, sondern der sich an ihnen orientierende Mensch auch eine Ausrichtung und damit einen Sinn. Rituale wie Gebete, Meditation, Opfer und Reinigungsrituale verorten den Menschen immer wieder neu auf dieser Sinnkarte.

Bei einem Spaziergang in Varanasi[14] am Ganges-Ufer beobachtete ich eine Gruppe Männer, die im Ganges badeten. Einige Tage zuvor am Flughafen in Delhi kam ein Inder mit mir ins Gespräch und meinte: „Ich glaube an Jesus. Jesus hat sich für mich geopfert. Die, die im Ganges baden und den Fluss heilig nennen, werden vom Ganges bei einer Flut getötet.“ Beide Weltvorstellungen, beide Sinnkarten ordnen die Leben derer, die an sie glauben. Was aber sind diese Lebensweg- und Ordnungsnarrative der Religionen?

Die Geburtsstunde der Religion ist nicht wirklich historisch greifbar. Die ersten Grabbeigaben[15] erzählen wie bereits erwähnt, vermutlich davon, dass die Menschen an einen Übergang in ein weiteres Leben glaubten, für die diese Gaben hilfreich sind. Die ältesten schriftlichen Aufzeichnungen, die man als religiös deuten kann, sind Ritualangaben.

Für den abrahamitischen Strom der Religionen ist die prozessuale Entwicklung eines Monotheismus, der Vorstellungen von Lokalgottheiten schrittweise transzendiert und schließlich eine absolute Gottheit postuliert, festzustellen. Besonders interessant ist das Ordnungsprinzip des Bundes. Das Volk Israel sieht sich durch einen Vertrag mit dem absoluten Gott JHWH an ethische Regeln gebunden, den Dekalog, die durch weitere Gebote und Vorschriften das Leben des Volkes auf diesen Gott ausrichten und regeln.

Das Christentum und der Islam folgen dieser Grundstruktur, weiten sie aber durch ein je neues Bundesverständnis aus. Für das Christentum ist es die Kirche, die den neuen Bund darstellt, für den Islam die Umma, die Gemeinschaft. Beide Religionen zeichnen sich durch eine rege und erfolgreiche Missionstätigkeit aus, die zu einer engen Verbindung von Theologie und Politik führt, da sich immer neue Staaten und Organisationen bilden, die sich auf Christentum und Islam berufen.

Das zunächst im Mittelmeerraum erfolgreiche Christentum behauptet sich besonders in Zentral- und Nordeuropa. Nach den Bewegungen der Völkerwanderung verschwindet es zunächst fast wieder und wird über iro-schottische Missionare in Zentraleuropa wieder eingeführt.

Das europäische Christentum bildet dabei seine eigene Identität bald durch zwei Kontrapunkte aus: Den einen bildet das Judentum. Die in der christlichen Diaspora lebenden Juden/Jüdinnen werden über weite Strecken christlicher Theologie als das Volk gesehen, das Schuld ist am Tod Jesu Christi. Dieses fatale Narrativ befeuert nicht nur die eigene Identität, sondern auch einen Antijudaismus, der den Boden für einen sich dann entwickelnden Antisemitismus bereitet, welcher im Holocaust einen tragischen ethischen Tiefpunkt erreicht. Der zweite Kontrapunkt ist der Islam, der als erfolgreiche politische Größe den Einflussbereich des Christentums und die sich auf das Christentum beziehenden Königreiche bedroht. Beide Kontrapunkte führen zu einer scharfen Formulierung, die Nichtchrist*innen aus dem angestrebten Heil ausschließt.

Die Religionen Europas erleben mit dem Kolonialismus zunächst einen Höhepunkt ihrer Macht, da ihre Narrative sich mit dem politischen Erfolg der Kolonialmächte globalisieren. Die bald darauf einsetzende Aufklärung hinterfragt viele Selbstverständlichkeiten der Religion und führt zu Formen von Säkularisierung, Neo-Orthodoxien und neuen Formen teilgebundener und freier Spiritualitäten.

Asiatische Religionsformen entwickeln sich bis zur Entstehung des Buddhismus im 6. Jh. in relativ regionalen Zusammenhängen. Dieser breitet sich schnell zunächst in Südasien, dem heutigen Bereich des Theravada-Buddhismus, und später in Nord- und Ostasien, dem Gebiet des Mahayana Buddhismus und des tibetischen Buddhismus (Vajrayana) aus.

Die große Anpassungsfähigkeit des Buddhismus ermöglicht es, dass bestehende Weisheitslehren und ethische Strukturen wie Daoimus und Konfuzianismus aufgegriffen werden. Der Konfuzianismus wird erst mit dem späteren Neokonfuzianismus des Chu Hsi (chin. Zhu Xi, 1130-1200) dem Buddhismus als staatsprägende Religion, etwa in China und Korea, zur Konkurrenz.

Das Schisma zwischen West- und Ostkirche (1054), gefördert durch die Konkurrenz des Islam, lässt in Westeuropa eine religionspolitische Partnerschaft zwischen Kirche und Kaiser entstehen (Zwei-Schwerter-Lehre), die bis zur Reformation Bestand hat. Die Reformationen innerhalb des Christentums verändern das Gesicht der Religionen in Europa und stürzen Deutschland in Religionskriege. Erst mit dem Westfälischen Frieden 1648 begann sich die Lage zu entspannen. Aber die Kirche und im Gefolge auch andere Religionen wurden in Europa zunehmend und besonders aufgrund der Aufklärung nicht mehr nur als Garant für gesellschaftliche Stabilität, sondern auch als Gefährdung wahrgenommen.

Die Philosophie der Aufklärung in Verbindung mit einer Wissenschafts-Euphorie und den Entdeckungen der weltweiten religiösen Pluralität, die das Christentum als eine Religion von vielen erscheinen ließ, führten zu einer sich immer stärker entwickelnden Verteidigungsposition. Die Rolle des Antijudaismus, der sich zum Antisemitismus entwickelte und im Zweiten Weltkrieg fast zur vollständigen Vernichtung einer Religion und Menschengruppe geführt hätte, irritiert und ist ein nicht rational fassbares Verbrechen. Eine geschichtliche Einordnung ist nicht einfach so möglich, viele lesen darin sogar den Höhepunkt einer Moderne, die den Massenmord industrialisiert habe.

Zwei große Ereignisse verändern im 20. und 21. Jahrhundert die Rolle der Religion in der Gesellschaft wesentlich.

Erstens: die interreligiöse Öffnung und Kooperation, welche durch die Proteste gegen den Vietnamkrieg noch verstärkt wurde, und Religionen als Hoffnungsträger auch für säkulare Wahrnehmungen erscheinen lässt.

Zweitens: die Terroranschläge von 9/11 und im Gefolge viele weitere terroristische Anschläge und Attentate bis hin zum sogenannten IS, die sich aktiv auf den Islam beziehen. Bei genauerer Analyse sind diese ideologisch und politisch zu lesen, benutzen aber religiös aufgeladene Sprache. Dies führt zu einer Angst nicht nur vor islamistischen Ideologien, sondern auch zu einer Skepsis gegenüber religiös auftretenden Akteur*innen allgemein.

Das Phänomen schwindender Großkirchen wurde lange als Säkularisierung gesehen und mit dem sicheren Schwinden und Verschwinden von Religion in Verbindung gebracht. Alternative Religiositäten und Spiritualitäten wurde aber zunächst nicht ausreichend erfasst. Erst in einer kritischen Selbstreflexion erkannten Religionssoziolog*innen und -wissenschaftl*innen wie auch Theolog*innen die „Altäre der Moderne", wie Peter Berger die unterschiedlichen Rollen, die Religionen und Spiritualität auch in der Moderne spielen (P.L. Berger 2015), nannte. So kam es zu einem Wachstum charismatischer pfingstkirchlicher Strömungen, die bereits José Casanova neue Interpretationen hat suchen lassen (Casanova 2010).

Die Missbrauchsskandale führten in vielen Bereichen vor allem die katholische Kirche, aber auch das Christentum allgemein aus einer Rolle sicherer Akzeptanz in eine Verteidigungsposition.

Die Religionen von heute müssen sich, so wird in den kommenden Kapiteln gezeigt werden, unterschiedlichsten Herausforderungen stellen. Dennoch kann an dieser Stelle eine im Laufe des Buches zu untersuchende Hypothesen aufgestellt werden.

1. Vielfältige Formen von Spiritualität fordern Religionen als Alternative für das Individuum heraus.
2. Extremformen neokonservativer Religionen oder religiöser Extremformen haben für einen klar umrissenen Personenkreis und eine kurze Zeit hohe Attraktivität, werden aber von den anderen und der Gesamtgesellschaft als Gefahr wahrgenommen und abgelehnt.
3. Interreligiöse Beiträge wie Rituale und Impulse wie Friedenspotentiale und Botschaften zur Ökokrise sind für die Gesamtgesellschaft als Beitrag zur Grundlage ihrer Wertebasis notwendig und daher gewünscht.
4. Die Religionen der Zukunft werden sich im Spektrum dieser Prämissen entwickeln.

Im folgenden Kapitel wird nun eine Art religionswissenschaftlicher Meteorologie entwickelt, die es ermöglichen soll, verschiedene Gegenwartsanalysen durchzuführen.

Kapitel 2: Methode religionswissenschaftlicher Meteorologie

Jeder Versuch, zukünftige Auswirkungen von gegenwärtigen Transformationen vorauszusagen, bedarf der Offenlegung einer Methodik. Diese „religionswissenschaftliche Meteorologie“ versucht sich einer Prognose möglicher Formen von Religion in vier Schritten anzunähern.

Zunächst werden in diesem Kapitel 2 die Parameter und Perspektiven erörtert, anhand derer im folgenden Kapitel 3 eine Gegenwartsanalyse vorgenommen wird. Diese ermöglicht es, wahrscheinliche Optionen in Kapitel 4 zu benennen, welche dann die Grundlage dafür bilden, die aus heutiger Sicht wesentlichen Eigenschaften von Religionen der Zukunft in Kapitel 5 zu formulieren.

Dabei müssen sich die Gegenwartsanalysen in Kapitel 3 in diesem Rahmen auf eine holzschnittartige Darstellung exemplarischer Tiefenbohrungen beschränken, die in den Verdacht geraten kann, die dargestellten Religionen als Container zu verstehen. Dagegen ist festzuhalten, dass Religionen höchst diverse und plurale Gebilde sind, die oft erst durch Fremdzuschreibungen eine Einheit als Eigenschaft zugeschrieben erhalten, die dann allerdings nicht selten von manchen ihrer Vertreter*innen übernommen wird. Beide Aspekte, die Hybridität und die oft wahrnehmbare Sehnsucht nach Einheit, gehören daher zu Identitätsmarkern religiöser Systeme.

Die im Kapitel 3 vorgenommenen Gegenwartsanalysen greifen vielfach auf bereits existierende Studien zurück, um die Ergebnisse in die Analyse einzuspeisen. Dabei sollen mit der Ermöglichung interreligiöser Analysen folgende methodische Schritte erfolgen:

- Besondere Herausforderung benennen
- Konsequenzen für gesellschaftliche religiöse Bindungsstrukturen
- Herausforderung für verbundene Spiritualitäten
- Einfluss auf interreligiöse Verflechtungen
- Innen- und Außen-Wahrnehmung als Organisation

Was ist Religion?

Bevor diese Schritte angegangen werden können, soll und muss geklärt werden, wie in diesem Zugang „Religion" verstanden wird.

Religion ist zunächst ein gesellschaftliches Phänomen, das viele persönliche Spiritualtäten verbindet und die mit diesen verbundenen Gruppen mit der Gesamtgesellschaft. Nach Durkheim hat Religion immer auch die Aufgabe der Integration in die und mit der Gesellschaft.[16]

Michael Bergunder schlägt in seinem Artikel „Was ist Religion?" (Bergunder, 2012, 41) ein genealogisches Verständnis von Religion vor. Dabei unterscheidet er zwischen (1) erklärter und (2) unerklärter Religion:

> Die erklärte Religion 1 findet sich in den expliziten Religionsdefinitionen der Religionswissenschaft. Die unerklärte Religion 2 bezeichnet dagegen ein zeitgenössisches, alltägliches Religionsverständnis. (Bergunder 2012, 13)

In der für meine Forschung wesentlichen Frage nach der Religiosität der Gegenwart spielt das alltägliche Religionsverständnis eine bedeutende Rolle. Dieses greift Bergunder aktiv auf:

> Die definitorische Praxis zeigt aber, dass Religion 2 durchaus legitimierend herangezogen wird, um die Plausibilität von Religion 1 aufzuzeigen, insbesondere in den polythetischen Religionsdefinitionen, in denen Religion 2 als Prototyp fungiert. Religion 2 bleibt dennoch weitgehend unerklärt und unerforscht, gilt aber zugleich, im völligen Gegensatz zu Religion 1, bezüglich ihrer inhaltlichen Merkmale als weitgehend konsensfähig und unumstritten. Der entscheidende Punkt ist nun, dass die unerklärte, aber konsensfähige Religion 2 auch in den anderen beiden Hauptstrategien zur Lösung der großen Kontradiktion der Religionswissenschaft hervortritt. (Bergunder 2012, 13)

Für die konkrete Arbeit an Themen lässt sich der im Folgenden genealogisch entfaltete Ansatz hervorragend nutzen. Durch die Feldforschung (teilnehmende Beobachtung, Interviews, Textanalyse, Filmdokumente, Interviews in VR-Umgebung mit Blickmessung etc.) lässt sich Religion 2 aus einer oder aus mehreren möglichen Perspektiven erheben. In der praktischen religionswissenschaftlichen Forschung zeigt sich, dass hier aufgrund der Standortgebundenheit der Forscher*innen ein multiperspektivisches Vorgehen, möglichst im Team, sinnvoll ist. Der Gegenstand lässt sich mit der methodischen Metapher des Tanzes gut beschreiben: „Wer kennt den Tanz" (Rötting 2022, 44). Für die Kenntnis des Tanzes ist Wissen über die Innenperspektiven, also darüber, wie die Tanzenden den Tanz empfinden, ebenso notwendig wie Außenperspektiven von Zuschauer*innen oder Musiker*innen. Auch historisches Wissen, Traditionslinien und gegenwärtige Rezeption in der Gesellschaft gehören dazu. Der Tanz steht hier für den konkreten, im Forschungsprojekt zu untersuchenden Gegenstand.

Die unterschiedlichen Perspektiven, welche in Codes abgebildet und in systematische Beziehungen zueinander gesetzt werden können, bilden die Grundlage für Metacodes. Die Grundlage für diese Codes bilden aus der bisherigen Forschung abgebildete Theorien mit Bezug zum Gegenstand und ermöglichen so eine Debatte mit Religion 1. Das Ergebnis einer religionswissenschaftlichen Forschung gleicht einem Prozessquerschnitt dieser Debatte, der durch die Forscher*in in den Horizont religionswissenschaftlicher Kontexte eingebunden werden muss. Für Bezugswissenschaften als Partner der Religionswissenschaft ist es vorteilhaft, diese auch in ihre jeweiligen Reflexionssprachen zu übersetzen. Ein Beispiel ist in der Kooperation mit Theolog*innen die In-Bezug-Setzung (Signifikanz) religionswissenschaftlicher Argumente zur theologischen Debatte. Dies gilt reziprok für alle Religionsphilosophien und -theologien religiöser und spiritueller Traditionen. So entstehen Texte, die in der Lebenswelt der Religion 2 verstanden und umgesetzt werden können. Diese Hilfestellung zur Umsetzung ist das Kapital einer angewandten oder praktischen Religionswissenschaft (Tworuschka)[17], die aktiv Ergebnisse ihres religionswissenschaftlichen Reflexionsprozesses der Gesellschaft anbietet.

Besondere Herausforderung benennen

Es sind oft die reflektierten Innenansichten religiöser Systeme, die Theolog*innen der jeweiligen Tradition, welche besondere Herausforderungen gut benennen, die wiederum durch kulturwissenschaftliche und soziologische Perspektiven ergänzt beschrieben werden können. Der methodische Fokus auf wunde Punkte einer religiösen Tradition hilft bei der Analyse möglicher Veränderungen, die neuralgischen Bruchstellen bisheriger Konstruktionen wahrzunehmen und nach Analyse möglicher Ursachen die Konsequenzen wahrscheinlicher Transformationsprozesse vorherzusagen.

Konsequenzen für gesellschaftliche religiöse Bildungsstrukturen

Die neuralgischen Transformationspunkte können dabei unterschiedliche Bedeutungen einnehmen. Eine Debatte um eine religiöse Führungsfigur betrifft, falls es sich um einen spirituellen Influencer handelt, also jemanden, der oder die eine hohe Zahl von Menschen direkt in ihrem religiösen und spirituellen Denken, Fühlen und Handeln beeinflusst, die gesamte Gemeinschaft. Im Falle von groben ethischen Verfehlungen wie Missbrauch oder Falschaussagen, trifft dies die durch Meister*in-Schüler*in-Bindungen Involvierten direkt. Solange diese Fälle aber einzeln auftreten und als individuelle Verfehlungen gelesen werden, beeinflussen sie nicht das Standing der Tradition oder Religion, mit der sie in Verbindung gebracht werden.

Ein systemischer Fehler, welcher viele Verantwortungsträger*innen einer Religion oder Tradition nachweislich beeinflusst, kann die Reputation der ganzen Tradition gefährden und damit auch nicht direkt betroffene Menschen indirekt beeinflussen, so dass ihre Bindung und das Gefühl der Zugehörigkeit geschwächt wird.

Herausforderung für verbundene Spiritualitäten

Die Interviews zur Spiritualitätsforschung erzählen von unterschiedlichsten Konstellationen von Spiritualität und Religion, die historische und gesellschaftliche, aber auch biografische Prozesse der Lebens-Weg-Navigation reflektieren. Das methodische Analysebild der Tanzmetapher erweist sich als ein hilfreiches Werkzeug, um die Grundstrukturen der Verhältnisanalyse zeigen zu können. Dabei ergeben sich vier Grundmuster, die im Folgenden erläutert werden sollen.

Unison-Spiritualität: in Religion

Dies bezeichnet eine Form von Spiritualität, die eine Lebens-Weg-Navigation bezeichnet, deren saliente Sinnkarte sich aktiv auf eine religiöse Tradition bezieht, aber durchaus eigene Akzente setzt – allerdings im Rahmen der beschriebenen Wege der Sinnkarte der Religion. Die Anamorphose entstand hier häufig durch die Entdeckung einer Religion, deren Lehren, Riten und sinnstiftende Erzählungen als das entdeckt und erfahren wurden, was die betreffende Person in ihrem Navigationserstellungsprozess spiritueller Identität erfahren hat. Der eigene spirituelle Tanz empfindet sich als Kapitel des Tanzes der Religion, mit Möglichkeiten persönlicher Melodien im Takt der Tradition.

Bastions-Spiritualität: hinter Religion

Eine Bastions-Spiritualität[18] ermöglicht eine Entfaltung des Prozesses der Entwicklung eigener Lebens-Weg-Navigation im gefühlten Schutz von Tradition. In den Interviews sind es oft persönliche Krisen und Verletzungen, die erklären, warum Traditionsmauern als Sicherheit empfunden werden. Die Navigationspraxis zeigt sich oft hier gerade in der Stärkung der Schutzmauern, meist in Absicherung gegen Außenargumente. Das Zusammengehörigkeitsgefühl hinter der Mauer ermöglicht einen intimen und sehr geborgenen Tanz der Gleichgesinnten, welches oft eine starke Bindung und auch glücklich machende Zugehörigkeit schenkt. Diese positive Anamorphose von Bastions-Spiritualität zerbricht meist dann, wenn persönlich nahestehende Personen ihre Spiritualität außerhalb der Schutzmauern suchen.

Freestyle Spiritualität: frei in Religion

Eine Freestyle-Spiritualität legt Wert auf eine lose Bindung an Tradition. Diese soll und darf den freien Tanz des Prozesses der Lebens-Weg-Navigation zwar informieren und inspirieren, aber nicht behindern. Unter dieser Prämisse gibt es einerseits einen aktiven Bezug und manchmal auch intensive Auseinandersetzung mit Traditionslinien und ihren Meister*innen, andererseits aber werden diese Sinnkarten punktuell adaptiert und, wo notwendig, revidiert.

SBNR: Spiritualität kontra Religion

Die Bezeichnung SBNR wird nicht nur als Zuschreibung verwendet, sondern inzwischen auch zunehmend als Selbstbezeichnung. Interessant ist, wie auch Linda Mercadante (2014) unterstreicht, dass dies nicht unbedingt heißen muss, dass es keine Bezüge zur Religion gibt. Einige derjenigen, die sich als SBNR bezeichnen, sind sogar in Chören oder von einer Kirche angebotenen Religionsgruppen aktiv. Wesentlich ist, dass die Sinnkarte der Religion oder Gemeinschaft keine hohe Salienz in der Navigation einnimmt. Häufig wird darauf verwiesen, dass nicht eine bestimmte Religion für die eigene Spiritualität tragend ist. Nicht religiös zu sein, aber wohl spirituell, wird besonders häufig als eine Absage an die Akzeptanz religiöser Hierarchien, Macht- und Wahrheitsansprüche verstanden.

Dynamiken der Strukturen zueinander

Die Analyse der Interviews zeigt, dass die oben beschriebenen Grundverhältnisse Unison, Bastion, Freestyle und SBNR zwar deutlich erkennbar sind, aber in aktuellen Lebenssituationen oft in Mischungen vorkommen, die in einigen Fällen auch den Genese-Prozess der Lebens-Weg-Navigation widerspiegeln und deutlich machen, dass die Relation von Religion zur Spiritualität ebenfalls ein Prozess ist. Die nachfolgende Übersicht hat im Zuge der Analyse qualitativer Daten aus den Interviews nur beschränkte Aussagekraft, da die Anzahl zu gering ist, um allgemeingültige Strukturen ablesen zu können. Deutlich wird dies bei der geringen Anzahl an Bastions-Spiritualität, die zudem in einer starken Verbindung mit anderen Formen auftaucht.

Auffällig ist, dass die als Freestyle bezeichnete Verbindung von Religion und Spiritualität wesentlich häufiger auftaucht als eine reine SBNR-Beziehung. Ebenso gibt es immer wieder Tendenzen einer Unison, auch wenn diese durch gleichzeitige andere Beziehungsformen „gestört" zu werden scheint. Ein Ringen mit und um die Einbeziehung zumindest einiger Aspekte von Religion scheint das Verhältnis beider zueinander wesentlich zu bestimmen.

Einfluss auf interreligiöse Verflechtungen

Religionen zeichnen sich in hohem Maß als solche durch ihre Sichtbarkeit in der Gesamtgesellschaft aus. Wenn sie in ihrer Praxis, ihrem Erscheinungsbild, Gebäuden, Orten, Riten, Festzeiten etc. wahrgenommen werden, entsteht für die Mitglieder der Gesellschaft das Bild einer Religion. Dieses Bild ist insbesondere auch durch die Wahrnehmung des Umgangs mit anderen geprägt. Auch die Mitglieder einer Religion verorten sich im Kontext anderer Religionen. Je komplizierter das Agieren miteinander ist, desto schwieriger ist auch die Gestaltung einer pluralen Gesellschaft. Positiv gewendet bedeutet dies: Je besser das interreligiöse Miteinander der Religionen einer Gesellschaft ist, desto mehr tragen sie zu deren Stabilität bei.

Lehrinhalte, Strukturen, Speisevorschriften, religiöse Orte oder der Umgang mit den Geschlechtern in einer Religion wirken auf diese Verflechtungen ein und lassen sie entstehen. Dabei sind die Unterschiede, wie Perry Schmidt-Leukel feststellt (Schmidt-Leukel 2017), innerhalb der Religionen oft ähnlich divers wie die zwischen ihnen. Der Dialog ist also nicht nur von den Außenbildern, sondern auch von diversen unterschiedlichen Innenbildern mitgeprägt.

Innen- und Aussen-Wahrnehmung als Organisation

Durch ihre Organisation, also durch die Verflechtung der Innenstrukturen, entstehen Religionen als soziologische Größen. Rollen wie spirituelle Meister*innen, Rabbiner*innen, Imame, Pastor*innen, Priester, Vorsitzende, Beiräte, Ältere, Mönche und Nonnen, Laienanhänger*innen etc. werden ausgebildet und positionieren sich in einem spezifischen Verhältnis zu anderen Rollen der Organisation einer Religion. Es entstehen zwangsläufig hierarchische Strukturen, welche das Verhalten und die Beziehungen innerhalb einer Religion bzw. einer Konfession regeln.

Äußere und innere Ereignisse, wie das Bekanntwerden von Machtmissbrauch oder Vertrauensbruch, fordern gewachsene Strukturen heraus. Teilweise greift auch die Politik in die religionsinternen Regelungen ein. Einst konsensfähige Regelungen einer Religion werden durch gesamtgesellschaftliche Veränderungsprozesse zu Herausforderungen. Die Reformpädagogik versuchte, durch neue körperliche Nähe in Gruppenspielen die

Distanz zwischen Erziehungspersonal und Schutzbefohlenen in den 1970er Jahren zu überwinden, eine Praxis, die auch in kirchlicher Jugendarbeit gefördert wurde, förderte aber auch Möglichkeiten des Missbrauchs. Durch Bekanntwerden unzähliger Missbrauchsfälle hat sich die Praxis der Jugendarbeit wiederum stark gewandelt. Die Gesamtgesellschaft bezieht sich, etwa in den #metoo-Debatten, auf diese und so verändert sich das Außen- und Innenbild von Rollen und Positionen. Die durch Gesellschaften entstandenen Verschiebungen, auch durch ganz andere Debatten wie Finanzgebaren, Zölibat, Bevorteilung, entstehen Herausforderungen, auf die gewachsene Strukturen langsam regulierend religionsintern reagieren. Theoretisch ist es möglich, dass durch diese Prozesse einst etablierte Religionen in der Außenwahrnehmung zu „sektantischen Gruppen“ oder „spirituellen Eliten“ usw. mutieren, ein Prozess, der durch plurale Debatten um Privilegien der Religionen, wie etwa den Unterricht an Schulen, mit beeinflusst wird.

Analyse der Gegenwartstrukturen der Religionen

Eine umfassende Analyse der Religionen der Gegenwart ist an dieser Stelle schlicht nicht möglich. Für den deutschen Sprachraum sei hier auf das Handbuch der Religionen (HdR) (Michael Klöckner 1997-) verwiesen. In diesem Versuch, die möglichen Formen der Religionen aus Gegenwartsanalysen herauszuarbeiten, beschränke ich mich auf einzelne Tiefenbohrungen und Fallstudien.

Für das Christentum soll der Kollaps gewohnter Strukturen von Kirchen untersucht werden. Dies lenkt zunächst den Blick auf die Transformationsbewegungen der Volkskirchen in Europa, die aufhören diese – im echten Sinne des Wortes – zu sein. Aber auch andernorts verändern sich gewohnte Strukturen, etwa durch das schnelle Wachstum neuer Pfingstkirchen.

Die globalen Herausforderungen von Buddhismus und Hinduismus zeigen sich an einzelnen, aber für die Gesamtstruktur wesentlichen Missbrauchsvorwürfen, die das Herz der Sangha treffen. Durch Bekanntwerden und der öffentlichen Debatte von Missbrauchsfällen werden wichtige Einzelpersönlichkeiten in neuem Licht geschildert: Der entzauberte Guru tritt ab. Die besondere Funktion der Meister*in-Schüler*in-Beziehung verändert und fordert heraus.

Das Bild des Islam in der Öffentlichkeit ist besonders seit 9/11 geprägt von einer starken Politisierung bzw. der Islamisierung politischer und ideologischer Strömungen. Terroristische Attentate, die sich auf den Islam beziehen und gesellschaftliche Prozesse, wie der Protest der Frauen im Iran, zeichnen ein starkes und leider oft negatives Außenbild des Islam. Die Fassade des Hauses des Islam bröckelt und ihre Renovierung verändert auch die Eigenwahrnehmung der Muslime/Muslimas. Spirituellen Bewegungen fehlt dann oft die notwenige Energie und der gesellschaftlich offene Raum.

Die Frage, ob das Judentum Religion oder Volk ist, lässt sich nicht abschließend beantworten. Der vielfach verwendete Begriff der Schicksalsgemeinschaft hilft bei der Klärung nur bedingt weiter. Jedenfalls lässt sich weder die Religion noch das Volk Israels und das Judentum ohne die Frage nach dem Land verstehen. Das in der Genesis von Gott an Abraham versprochene Land ist seither Hoffnungspunkt und problematische Herausforderung. Viele religiöse Fragen und auch Fragen nach der Zukunft der Religionsgemeinschaft des Judentums sind auch außerhalb Israels mit der Landfrage verwoben.

Die Religionen von morgen werden immer mit einer Vielzahl von Spiritualitäten zu tun haben, die ganz oder teilweise mit ihnen verbunden sind oder sich in negativer Abgrenzung definieren. Spirituelle Identität ist das Ergebnis eines Prozesses, an dessen Ende diese als Kompetenz der Lebens-Weg-Navigation benannt wird (Rötting 2019). Religionen der Zukunft müssen in der Herstellung dieser Kompetenz positiv agieren können, ohne übergriffig zu werden. Ein Thema, das in der Spannung zwischen spirituellen Bewegungen und der Debatte um spirituellen Missbrauch bereits heute deutlich ist.

Hybride Spiritualitäten und ihr Verhältnis zu den Religionen bestimmen zudem die zukünftige Grundstruktur von Religion mit. Die Debatte um die Aussagekraft einer formellen Zugehörigkeit, etwa zur Kirche durch Taufe oder Kirchensteuer, zeigt diese Herausforderung.

Religiöse Strukturen wie etwa die Pfarreistrukturen von Kirchengemeinden sind derzeit extrem in Bewegung. Dabei zeigt sich, dass die momentan existierenden Zwischenstrukturen weder Fels noch Sand sind. Eine Verortung und Beheimatung in einer Ortsgemeinde im herkömmlichen Sinn wird schwieriger, die Strukturen der Pastoral verändern sich etwa in der katholischen Kirche aufgrund der Personalstruktur extrem. Dies wirkt herausfordernd auf die Amtsstrukturen und ihre Traditionen.

Die Analyse der Gegenwartssituation wird, obgleich fragmentarisch, einerseits zeigen, dass es die Religion nicht gibt, dass sie immer auf konkrete Kontexte verwiesen ist und sich ihre wahrnehmbare Gestalt, das sich formende Bild des allgemeinen Verständnisses einer konkreten Religion in einer bestimmten Situation zeigt. Diese wird nach Michael Bergunder auch mit Religion 2 bezeichnet. Und nur in Bezug auf diese lässt sich akademisch von Religion sprechen (Bergunder 2012).

Die Analyse zeigt strukturreligiöse Optionen auf, die gleich den Möglichkeiten von Schachzügen in der Analyse einer Schachpartie zwar nicht die Zukunft voraussagen kann, aber es ermöglicht, Wahrscheinlichkeiten konkret durchzuspielen und aufzuzeigen.

Im Kapitel 2 werden nun, ausgehend von der Analyse unterschiedlicher Gegenwartssituationen, mögliche Optionen durchgespielt. Dabei ist nicht nur wichtig, welche Optionen konkretisiert werden können und wer ihre Agenten sein könnten, sondern auch wie wahrscheinlich sie sind.

Ein „Phönix aus der Asche“, also die Entstehung bereits aufgegebener strukturreligiöser Gebilde als Religionen, wirft eine doppelte Frage auf: Was ist „verbrannt“ und wie konstituiert sich das „neue Alte“?

Eine religionsgeschichtlich bekannte Variante ist die spirituelle Geburt neuer Religionen. Aus zunächst kleinen spirituellen Bewegungen wird durch begünstigende Umstände und gesellschaftliche Anerkennung das, was wir als Religionen bezeichnen, also im öffentlichen Raum anerkannte Größen.

Eine Option ist die „Chance der Graswurzel-Religionen“. In diesem Kapitel soll untersucht werden, inwieweit sich die unterschiedlichen Graswurzel-Bewegungen innerhalb und außerhalb sowie zwischen den großen religiösen Traditionen auf deren Struktur auswirken.

Eine und die möglicherweise wichtigste Option für die Religionen ist „Interreligiosität“. Das liegt daran, dass die großen globalen Herausforderungen Frieden und Klimakrise nur „glocal“, also im globalen Miteinander und im Lokalen und Konkreten zu lösen sind. Beides funktioniert aber nur, wenn die Religionen sich mit „einer Stimme“ und vernetzt an dieser gesellschaftlichen Aufgabe beteiligen. Diese Vernetzung betrifft auch die Verbindung der Religionen zur säkularen Welt, da sich gerade diese, wie etwa Forschungen[19] zur Wahrnehmung des House of One in Berlin in der Öffentlichkeit zeigen, besonders beachtet werden.

Im Kapitel 4 wird schließlich versucht, die Frage nach den Religionen der Zukunft zu beantworten. Dabei scheinen drei Aspekte wesentlich zu sein: Die Religionen der Zukunft sind in zweifacher Weise erfahrungsgeläutert – es geht um die persönliche Erfahrung der mystischen Dimension, aber auch um die Erfahrungen von Systemasymmetrien von Macht und deren Missbrauchsanfälligkeit.

Die Religionen der Zukunft müssen den Schatz ihrer Tradition visionär einsetzen können, etwa Texte und Rituale mit Blick auf die Klimakrise und den Umgang mit ihr.

Viele Religionen spiegeln in ihren Strukturen noch die Machtverhältnisse und Denkmuster aus der Zeit ihrer Gründung oder den Jahren der wesentlichen Formung. Während allerdings die politischen feudalen Strukturen weitgehend abgeschafft wurden, das Wahlrecht für alle eingeführt wurde, und damit der Zugang aller Geschlechter zu allen Ämtern, hinken Religionen hier oft hinterher. Ihre Akzeptanz wird in Zukunft von ihrer Fähigkeit geprägt sein, basisdemokratische Grundmuster aufzunehmen.

Die in den verschiedenen Kapiteln aufgenommenen Fäden sollen hier zu einem einheitlichen Bild zusammengewebt werden. Ob in einem solchen Fazit die Religionen der Zukunft erkennbar sind? Sicher nicht in der Form, in der sie dann tatsächlich gegenwärtig werden, aber vielleicht gelingt eine Art schemenhafter Vorahnung. Die eigentliche Aufgabe dieser angestrengten Analyse mit Blick in die Zukunft ist jedoch ein adäquater und verantwortungsbewusster Blick auf die Herausforderungen der Gegenwart.

Kapitel 3: Gegenwartsanalysen

Kirche: Der Kollaps gewohnter Strukturen

Das Christentum ist seit Langem in Europa die prägende Religion, welche nicht nur die religiösen Vorstellungen und zur Verfügung stehenden Spiritualitäten von Individuen prägte, sondern auch die Gesellschaft, das kulturelle Leben und politische Strukturen mitbestimmte. Bereits seit einigen Jahrzehnten benennen Religionssoziolog*innen die Abnahme dieser Prägung mit dem Terminus Säkularisierung. Allerdings ist inzwischen auch klar, dass viele Menschen nicht einfach areligiös werden, sondern eine Form von Religiosität leben, die sie selbst oft als Spiritualität bezeichnen (Rötting 2022), und dabei entweder die religiöse Organisation Kirche verlassen oder in ihr in kritischer Distanz und punktueller Akzeptanz verbleiben.

Die besondere Herausforderung der Kirche in Europa ist der Kollaps der gewohnten Strukturen.

Besondere Herausforderung benennen

Bis vor wenigen Jahren war die gängige Vorstellung des Christentums in Europa eine Gemeinde, die von einem Pfarrer oder Pastor*in geleitet wurde. Diese*r hatte je nach Größe der Gemeinde Mitarbeiter*innen wie Kapläne, Sakristanen und Musiker*innen. Selbst die Reformation änderte in den dann unterschiedlichen Konfessionen an dieser Struktur nicht wesentlich etwas. Sogar der Wegfall des Zölibats für die reformierten Kirchen ließ mit dem Ideal des Pfarrhauses die Pfarrerfrau zur Mitarbeiterin werden.

Inzwischen haben sich in beiden Konfessionen, der katholischen Kirche und den lutherischen und reformierten Kirchen, große Veränderungen vollzogen.

Die katholischen Gemeinden mussten sich vor allem aufgrund des Priestermangels zu größeren Einheiten zusammenschließen. Inzwischen leitet ein pastorales Team, meist unter der Leitung eines Priesters, große Einheiten von mehreren Gemeinden. Um der Aufgaben Herr zu werden, bilden sich Fachstrukturen etwa für Familien-, Jugend- und Seniorenarbeit heraus. Viele Priester aber auch immer mehr Seelsorger*innen wie Gemeinde-, Pastoralassistent*innen und -referent*innen oder Diakone klagen über Überlastung. Eine spirituelle Begleitung finden Menschen vielfach noch in den Angeboten kirchlicher Bildungshäuser oder Orden, immer seltener in den Pfarreien. Gleichzeitig steigt das Angebot spiritueller Gruppen, in denen Yoga, Ruhegebet, Meditation wie Zen, spirituelles Singen oder religiöse Gruppentänze angeboten werden. In ihrer bereits 2005 erschienen Studie bezeichnen Paul Heelas und Linda Woodhead diesen Anstieg innerhalb kirchlicher Angebote in Verbindung mit einem Zuwachs von spirituellen Angeboten außerhalb von Kirchen als spirituelle Revolution (Heelas & Woodhead 2005).

Die evangelische Kirche steht vor vergleichbaren Problemen trotz ihrer unterschiedlichen Struktur. Es gibt zwar genügend Pastor*innen, aber durch die geringere Kirchenbindung[20] schrumpfen die bestehenden Gemeinden. Staatskirchliche Strukturen wie in England oder Skandinavien sehen sich in ähnlichen Situationen.[21]

Für die religiösen Organisationen der jeweiligen Kirchen bedeutet dies, dass die Prägungskraft nachlässt, aber die für alle Religionen geltende Notwendigkeit, zum Netzwerk der friedlichen Stabilität nicht nur beizutragen, sondern es aufgrund der soziohistorischen Rolle auch wesentlich zu gestalten und zu finanzieren, bestehen bleibt.

Für die katholische Kirche verschärft sich die Situation durch die massiven öffentlichen Debatten über zahlreiche Missbrauchsfälle. Diese kommen auch in der protestantischen Kirche und auch in anderen Religionen vor, aber die hierarchischen und patriarchalen Strukturen der katholischen Kirche scheinen einer von der Öffentlichkeit akzeptierten Aufklärung und Aufarbeitung im Wege zu stehen. Bereits im Jahr 2000 erschütterten Berichte über Missbrauch in der katholischen Kirche Irland und die USA, 2010 wurden in Deutschland die Fälle im Canisius-Kolleg in Berlin bekannt. Seitdem reißen die Berichte und Debatten zum Umgang mit den Tätern und Opfern nicht ab. Einige Bischöfe, wie der Kölner Kardinal Woelki, sehen sich inzwischen auch mit Gerichtverfahren konfrontiert, in denen es um die Frage von Falschaussagen in Verfahren geht.[22] Der Münchener Kardinal und Erzbischof Reinhard Marx hat sogar seinen

Rücktritt angeboten, den Papst Franziskus allerdings nicht angenommen hat.

Konsequenzen für gesellschaftliche religiöse Bindungsstrukturen

Das Bekanntwerden von Missbrauchsfällen und der unbefriedigende und teilweise direkt vertuschende und verharmlosende Umgang führte zu einer äußeren und inneren Abwanderung vieler Katholik*innen. Besonders dramatisch ist die innere Distanzierung eines großen Anteils der pastoralen Mitarbeiter*innen von ihrer Kirche. Die Bindungsstrukturen halten zwar viele noch an den gesellschaftlich verwurzelten Ritualen wie Taufe der Kinder, Kommunion, Firmung, teilweise Hochzeit und Begräbnis, teilweise aber finden Austritte direkt nach erfolgter Taufe der Kinder statt.[23] Hier zeigt sich die poröse Bindung besonders deutlich.

Im öffentlichen Raum werden religiöse Würdenträger*innen allerdings noch eingeladen. Spirituelle Influencer[24], wie Anselm Grün, David Steindl-Rast oder der Münchener Pfarrer Reiner Schießl, zeigen teilweise größere Wirkung im spirituellen Bereich als die Amtsinhaber in der Seelsorge und die verantwortlichen Bischöfe.

Teilweise wirken die Gesichter der Aufklärung des Missbrauchs selbst. Dies sind Personen wie Klaus Mertens SJ, der in den Medien als die Stimme, die den Missbrauch 2010 benannte, bekannt wurde, oder Doris Wagner (Reisinger), die ein Buch über spirituellen Missbrauch (Wagner 2019) veröffentlichte. Sie erreichen damit eine breite Öffentlichkeit.

Herausforderung für verbundene Spiritualitäten Unison-Spiritualität: In Religion

Für Menschen innerhalb der Kirchen, die bisher eine Unison Spiritualität leben konnten, also eine Spiritualität, die sich harmonisch in die Strukturen der Kirche einfügte, können die genannten Herausforderungen diese Spiritualität hinterfragen. Besonders in Gemeinschaften mit Fällen spirituellen Missbrauchs gibt es oft einen inneren und äußeren Kreis.[25] Mitglieder der Gemeinschaft des äußeren Kreises erfahren häufig spät, manchmal auch erst durch die Presse, von Missbrauchsfällen im inneren

Kreis. Ihre bis dato ungetrübte Unison-Spiritualität kann so gefährdet werden. In einigen Fällen kann dies zu Austritten und damit in der Folge zur Gefährdung bis hin zur Auflösung der betroffenen Gruppen führen.

Bastions-Spiritualität: Hinter Religion

Religiöse Gruppen innerhalb der Kirche mit einer Bastions-Spiritualität können in Zeiten der Krise Zulauf erfahren, da die stringent und überschaubar gestrickten Sinnkarten für einige attraktiv sind. Durch die geschlossene Kommunikation in der Gruppe werden verwirrende Alternativen als falsch bewertet und die bestehende Kritik als Angriff auf die Kirche aufgefasst. Das Leben in der Bastion ermöglicht eine Erfahrung der Gemeinschaft und Sicherheit in komplexen Zeiten. Allerdings gehen die Mitglieder häufig dem gesellschaftlichen Diskurs der Mitte verloren.

Freestyle-Spiritualität: Frei in Religion

Je nach Stärke der Enttäuschung über die Kirche werden alternative Sinnkarten anderer Religionen getestet. Eine Konvertierung erfolgt nicht unbedingt, aber die Akzeptanz alternativer spiritueller Strukturen fördert einen neuen inneren Zugang zur eigenen Religion, dieser findet sich aber vielfach nicht in den äußeren Bindungen wieder.

SBNR: Spiritualität kontra Religion

Diese Form der Spiritualität wird durch die Herausforderung des Missbrauchs geradezu befeuert, denn gerade die der religiösen Organisation Kirche zugeschriebenen Fehler und Fehlverhalten ihrer Vertreter*innen bringen „Religion“ als „System“ in Misskredit.

Die Missbrauchsfälle der katholischen Kirche schaden sowohl den Unison- und Freesyle- Spiritualitäten, welche mit ihr in einer Verbindung stehen, und fördern die SBNR-Formen, die zu einer Abwanderung führen. Einzig die Bastions-Spiritualität kann an Zulauf gewinnen, deren Mitglieder kapseln sich aber häufig von der öffentlichen Debatte ab oder werden von dieser nicht mehr ernst genommen. Insgesamt kann festgestellt werden, dass die Missbrauchsfälle zu einer äußeren wie inneren Eruption beitragen und sie befeuern und zudem neoorthodoxe Inseln einer Bastions-Spiritualität zum Wachstum verhelfen. Die Mitte der Religion verdunstet, um einen Ausdruck des Theologen Karl Rahners zu gebrauchen, die Ränder verkrusten.

Einfluss auf interreligiöse Verflechtungen

Eine wesentliche Funktion der Gegenwart von Religionen ist ihr Beitrag zu einem friedlichen Miteinander in pluralen Gesellschaften. Diese Funktion wird maßgeblich in der Form interreligiöser Verflechtungen und den sich daraus ergebenden Veranstaltungen ausgeübt. Sie zeigen der Gesellschaft einen transkulturellen und -religiösen Wertekonsens und ermöglichen es, über ihre eigenen religiösen Grenzen hinaus zu wirken.

Schwindet die Mitte der Kirche und verkrusten die Ränder, so fällt es interreligiösen Akteuren schwerer, innerhalb der Organisation zu agieren.

Innen- und Aussen-Wahrnehmung als Organisation

Die Innen- und Außen-Wahrnehmung als Organisation hat unter den Missbrauchsfällen enorm gelitten. Besonders die katholische Kirche ist in eine gesellschaftliche Defensive geraten. Für die Zukunft der katholischen Kirche scheint ein Abdriften bis zur Identifizierung mit Gruppen der Bastions-Spiritualität eine Gefahr darzustellen, da diese Spiritualität die Funktion interreligiöser Vernetzung nur sehr bedingt wahrnehmen kann, die die Gesellschaft als „interreligiösen Kitt" einfordert.

Derzeit zeigt sich zunehmend auch seitens der offiziellen Förderung der Kirche ein gewisser Machtzuwachs der neokonservativen Gruppen, was die oben formulierten Thesen zu untermauern scheint.

Allerdings zeigen sich derzeit interreligiöse Player aktiv und stabil, sodass diese Seite der Akzeptanz in der Gesellschaft noch nicht in Gefahr zu sein scheint.

Für die Zukunft der katholischen Kirche drängt sich die Frage auf, ob ihre Struktur sich der des „heiligen Rests" (Buch Jeremia) annähert und so selbst eine Bastions-Spiritualität als Mainstream formt. Dies würde aus einer Religion mit gesamtgesellschaftlichem Einfluss eine Organisation mit Inselcharakter werden lassen.

Sangha: Der entzauberte Guru tritt ab

Asiatische Religionen und spirituelle Strömungen erlebten seit dem Beginn der esoterischen Bewegungen und besonders durch die Identifikation mit dem aus Tibet vertriebenen tibetischen Volk und den vietnamesischen Boat-People eine positive Rezeption. Die populärsten Gesichter dieser Bewegung waren der Dalai Lama und Thich Nhat Hanh. Das Interesse an populären christlichen Köpfen der Friedensbewegung wie Dr. Martin Luther King, Bruder David Steindl Rast und besonders Thomas Merton förderte deren Akzeptanz. Durch Botschafter des Zen wie Daisetsu Teitaro Suzuki und Masao Abe oder in Deutschland die Jesuiten Enomija Lassalle und in der Folge Willigis Jäger, Niklaus Brantschen SJ sowie der Pallotiner Johannes Kopp, wurde die Akzeptanz gefördert, ebenso wie durch Graf Dürkheim, dessen Affiliation zum Nationalsozialismus erst in den letzten Jahren vollständig rezipiert wurde und die in den Anfangsjahren der Verbreitung seiner sehr idealisierten Zen-Praxis keinen Abbruch getan hat.

Für den süddeutschen Raum ist besonders auch Ayya Khema zu nennen, die als Kind einer jüdischen Familie während des Nationalsozialismus aus Berlin floh und in Sri Lanka schließlich als Nonne in den buddhistischen Orden eintrat. Ab 1989 wirkte sie in Deutschland und gründete das Buddha-Haus im Allgäu mit Ablegern in München und Stuttgart.

Auch Sogyal Rinpoche, der Rigpa e.V. gründete, und Trunkpa Rinpoche, sowie dessen Sohn Mipam Rinpoche, die Shambala gründeten und leiteten, trugen zum positiven Trend des Buddhismus bei. Beide sind allerdings auch Namen, die inzwischen mit der Krise der buddhistischen Bewegung in Verbindung gebracht werden.[26]

Thich Nhat Hanh und der Dalai Lama sind bis heute Vertreter des Buddhismus, die eine sehr positives Image besitzen und das positive Bild der Religion bis heute weiter prägen und bestimmen.

Dennoch sind auch mit Blick auf die asiatischen Religionen besondere Herausforderungen zu benennen. Dies kann hier nur exemplarisch ge schehen.[27]

Besondere Herausforderung benennen Meister*in-Schüler*in-Beziehungen

„Du suchst jemanden,
gefunden hast du jemanden."
Yoda zu Luke Skywalker[28]

Die Star-Wars-Saga stellt Meister*in-Schüler*in-Beziehungen zentral in die Mitte ihrer Geschichte und auch Fehltritte und Übertretungen in Form von Machtmissbrauch finden sich. Alles in allem kommt der Meister gut weg. Bei Star Wars sind es die Schüler*innen, die es in Teilen auf die dunkle Seite der Macht zieht. Die moderne Saga erzählt aber treffend von der Verantwortung der Meister*innen, da sie dem Schüler/der Schülerin eine spirituelle Anamorphose, ein Bild der Welt in Verwebung mit dem eigenen Lebenspfad, und einen Auftrag anbieten.

Die spirituelle Anamorphose entsteht in der Einheit aller Navigationsaspekte zu einer Ganzheit.

Meister*innen großer Religionssysteme, aber auch neuer spiritueller Bewegungen, symbolisieren diese Ganzheit. Sie gelten als Menschen, die diese Ganzheit erreicht haben. Aus dieser Perspektive ergibt sich eine Machtstellung, deren Notwendigkeit in der spirituellen Führung liegt, die aber auch missbräuchlich genutzt werden kann.

Die großen religiösen Traditionen kennen alle solche Meister*in-Schüler*in-Beziehungen, allerdings in unterschiedlicher Ausprägung. Für abrahamitische Religionen kann festgestellt werden, dass das Judentum besonders durch die Veränderung der Rabbiner*innen und ihrer Stellung die Dynamik zwischen Meister*in und Schüler*in entfaltet hat. Besonders in der Kabbala, aber auch im chassidischen Judentum, prägten sie sich aus. Der Islam unterstreicht diese Beziehung besonders in der spirituellen Ausprägung des Sufismus. Wie intensiv dies sein kann, wird in den Gedichten Dschalāl ad-Dīn Muhammad al Rūmīs (1207-1273) deutlich, die einen spirituellen Freund in ähnlicher – oft auch erotischer – Sprache beschreiben wie die Verbindung zwischen Allah und Geschöpf. Dies sind Beispiele dafür, dass die Beziehung in der Spiritualität eine besondere Wichtigkeit innehat und nicht per se mit einem Missbrauchsverdacht belegt werden sollte. Im Christentum nennen die Jünger*innen und besonders die Apostel Jesus „Rabbi“ und „Meister“. Bei den Wüstenvätern in den Anfängen des Mönchstums kristallisiert sich mit der Konstellation der Älteren und damit auch im spirituellen Prozess Erfahrenen die Stellung Meister-Schüler heraus.

Auch asiatische Religionssysteme wie der in Indien entstandene Hinduismus, Buddhismus und Jainismus, und chinesische Traditionen wie Konfuzianismus und Daoismus, kennen intensive Meister*in-Schüler*in-Traditionen.

In vielen Gegenwartsformen von Spiritualität finden sich diese wieder, wie die unterschiedlichen Spielarten des Zen im Westen, von Advaita-Formen geprägte Schulen, zeigen, in denen Satsangs, also öffentliche Meister*in-Schüler*in-Gespräche, eine übliche Forme der Lehre sind. Auch die von Sufi und Kabbala geprägten Spiritualitäten kennen Meister*in-Schüler*in-Beziehungen.

In der modernen Weisheitsliteratur der 1980er und 1990er Jahre werden diese Beziehungen meist unkritisch idealisiert. Damit ist nicht gesagt, dass diese Beziehungen nicht notwendig oder förderlich für eine spirituelle Entwicklung wären. Das Bewusstsein, dass sie aber auch oft den Rahmen für spirituellen Missbrauch bilden, entstand aber erst langsam. So wurden die ersten Berichte von Schüler*innen buddhistischer Meister über Jahre als Einzelfälle oder Übertreibungen abgetan oder das Verhalten der Meister als Kapitel einer „Crazy Wisdom“[29]-Pädagogik gelesen, ein Ausdruck, der von buddhistischen Lamas wie Chögyam Trunkpa im Westen geprägt wurde.

Neoreligiöse Gruppen

Die Bewegung der sexuellen Befreiung in den 1968er Jahren und eine kritiklose Meister*innen-Stellung in der Esoterik-Szene und in neoreligiösen Gruppen begünstigen einen Missbrauch. Der Übergang von Befreiungsbewegungen und der Missbrauch der neuen Möglichkeiten sexueller Zurschau-Stellung und Überwindung von als rigide empfundener Normen, führt nicht nur zu heftigen Debatten und feministischen Themenstellungen, sondern auch zu einer gesellschaftlichen Irritation. In vielen Fällen werden nun sexuelle unübliche Erfahrungen als „Befreiung“ gelesen. Einige der spirituellen Gruppen, wie Bhagwan/Oshos Neo-Sannyas, nehmen in spirituellen Befreiungsseminaren mit sexuellen und erotischen

Übungen darauf direkt Bezug. Misshandlungen wurden oft, wie bereits angemerkt, im Kontext von „Vergebung“ oder „Crazy Wisdom“ spiritualisiert. Die Geschehnisse sind inzwischen medial vielfach aufgearbeitet worden.[30] Dabei gibt es unterschiedliche Einschätzungen von Bhagwans Lehre zu Sexualität. Durchaus adäquat und eine für den Kontext dieser die Zeit angemessene Darstellung vermuten Shay und Bogdan (2014) in diesen Übungen. Einige Forscher wie Hugh und Urban verweisen auf die Verbindung von sexueller Befreiung in den 1970ern und 1980ern und die Verbindung zum Neoliberalismus der Öffnung der bis dato esoterischen (verborgenen) Tantra-Lehre (Urban 2005).

Missbrauch im Buddhismus: Sogyal Lakar Rinpoche

Der spirituelle und sexuelle Missbrauch innerhalb des westlichen Buddhismus ist erst seit kurzem Gegenstand akademischer Forschung.[31]

Seit den 1970er Jahren gab es Gerüchte über Missbrauch von Sogyal Lakar (1947-2019) im Rahmen von Rigpa. Die Deutsche Buddhistische Union (DBU) behandelte das Thema im Heft „Buddhismus aktuell 3/2013. Ein offener Brief vom 14. Juli 2017 von Schüler*innen Sogyal Rinpoches erreichte die Öffentlichkeit und prangerte Verschwendung, spirituellen Missbrauch und sexuelle Nötigung an. Bei Sogyal Rinpoche, wie Lakar von den Schülern genannt wurde, war 2017 eine Krebserkrankung diagnostiziert worden. Er zog sich daraufhin aus dem laufenden Betrieb und der Lehre in Rigpa zurück und verstarb 2019 in Thailand.

Sogyal Rinpoche wurde in der damaligen Provinz Xikang in Osttibet geboren und ist tibetischer Lehrer der Nyingma-Tradition. Er gilt als Inkarnation des Tertön Sogyal Lerab Lingpa (1856-1926), eines Lehrers des 13. Dalai Lamas und ist Laie. Mit sechs Jahren kam er in das Kloster von Jamyang Khyentse Chökyi Lodrö, wo er später als Reinkarnation erkannt wurde. Ab 1971 studierte Sogyal Rinpoche an der Universität in Cambridge vergleichende Religionswissenschaften und begann mit seiner Tätigkeit als Lehrer des tibetischen Buddhismus. Seit Mitte der 1970er Jahre leitete er das spirituelle tibetische Netzwerk Rigpa, das international tätig ist und in Deutschland siebzehn Zentren unterhält.

Rigpa wurde von Sogyal Rinpoche (1947-2019) im Jahre 1979 gegründet. Der tibetische Begriff bedeutet „Herzensweisheit“ und wird innerhalb der Lehren des tibetischen Buddhismus und des Dzogchen mit „innerste Natur des Geistes“ oder „Gewahrsein“ übersetzt. Sogyal Rinpoche startete seine Lehre mit einem Zentrum in London, auf welches weitere folgten, und er nannte sein Lehr-Netzwerk „Rigpa“.

Das Zentrum in München war das erste in Deutschland und wurde am 15. Oktober 1987 als Rigpa e.V. (Rigpa 2012, 18) gegründet. Ein wichtiges Mittel für die Verbreitung der Lehre waren seit einem Retreat in Kirchheim aufgenommene Audioaufnahmen der Vorträge (Rigpa 2012, 23).

Mit Dzogchen Beara im Westen Irlands wurde das erste Retreat-Zentrum eröffnet. Heute hat Rigpa in einundvierzig Ländern Zentren. Ein wesentlicher Faktor für Rigpa in Europa war das Retreat-Zentrum in Lerab Ling (Frankreich), in dem im Jahr 2000 bei einem Vortrag des Dalai Lama knapp 10.000 Zuhörer anwesend waren (Rigpa 2012, 27). In Lerab Ling (Frankreich) fand in den Jahren 2006-2009 ein Drei-Jahres-Retreat statt. Die intensive Form forderte die Gemeinschaft heraus, die Praxis, welche den Schüler*innen abverlangt wurde, intensivierte sich. In Deutschland gibt es siebzehn Zentren und Gruppen in Aachen, im Allgäu, Bad Saarow, Berlin, Bielefeld, Bremen, Fürth, Hamburg, Hannover, Heidelberg, Frankfurt, Freiburg, Düsseldorf, Kassel, Kiel, Köln, München und Stuttgart. Ausgehend von Sogyal Rinpoches Bestseller „Das tibetische Buch vom Leben und Sterben“ bietet Rigpa Kurse zu „Heilung, Tod und Sterben“ an. 2012 fand in Rigpa das erste Retreat mit Live-Übertragung statt (Rigpa 2012, 29). Rigpa wuchs in den folgenden Jahren stark an und hatte 2014 ca. 1400 Mitglieder in Deutschland. Nach der Krise, 2019 zählt der Rigpa e.V. 1008 Mitglieder.[32]

Neben Einführungsabenden und Lehrveranstaltungen in den Zentren ebenso wie öffentlichen Vorträgen von Sogyal Rinpoche gehören Videoabende mit Ausschnitten aus Vorträgen, ein Modulkurs zur Meditation und Thementage sowie eine Praxis für Kranke und Verstorbene zum angebotenen Programm (Rigpa 2012, 30). Ein Höhepunkt für die Gemeinschaft war das fünfundzwanzigjährige Jubiläum, welches mit dem Heft „rigpa. Sonderheft 25 Jahre Rigpa Deutschland“ (Rigpa 2012) markiert wurde. Die Jubiläumsausgabe beginnt mit einer graphisch ansprechend gestalteten Seite, welche in Tibetisch, Deutsch und Englisch ein Zitat aus dem „Sutra der individuellen Befreiung“ bringt, so die Titelgrafik:

Begehe keine einzige unheilsame Tat,
Sammle einen Schatz an Tugend,
Diesen unseren Geist zu zähmen,
Das ist die Lehre aller Buddhas.
(Rigpa 2012, 4)

Die Ausgabe des Magazins „rigpa" gehe auf den Wunsch Sogyal Rinpoches zurück, den er auf dem Drei-Jahres-Retreat in Südfrankreich geäußert habe, so Gabriele Maaß, die damalige Direktorin, in ihrem Geleitwort (Rigpa 2012, 5). Das Magazin bietet einen Überblick über die Tätigkeiten, zentrale Themen der Lehre, Reportagen von Meister*innen, die zu Besuch nach Deutschland kamen (Rigpa 2012, 12), und widmet dem Erfolg des Buches von Sogyal Rinpoche ein eigenes Kapitel. Ein Überblick über Rigpa-Zentren, Reportagen von Menschen, die ein Zuhause-Retreat (Rigpa 2012, 46) absolviert haben, Überlegungen zu einer buddhistischen Religionspädagogik und ein Bericht über das sich damals im Bau befindende Spiritual Care Center in Bad Saarow (Rigpa 2012, 56) zeigten die Aktivitäten Rigpas im Jahr 2012. Im Folgejahr 2013 baute Rigpa das erste buddhistische „Spiritual Care Center" in Deutschland. Dies wurde durch eine große Spende an die Tertön Sogyal Stiftung möglich (Rigpa 2012, 61).

Einige Jahre später dann die Wende: Im Jahr 2017 kam es erneut zu Vorwürfen sexuellen Missbrauchs. Bereits 1994 hatte eine US-Amerikanerin Sogyal Rinpoche deswegen verklagt, es kam aber zu einem Vergleich. Auf der Internetseite des Rigpa e.V. in Deutschland heißt es: „Im Juli 2017 war er [Sogyal Rinpoche] nach einer Reihe von Vorwürfen als spiritueller Direktor von Rigpa zurückgetreten und hatte seither auch keine organisatorische Rolle in Rigpa mehr innegehabt." Auslöser war ein an Sogyal Lakar gerichteter offener Brief[33] von Schüler*innen am 14. Juli 2017. Einige wesentliche Passagen sollen hier wiedergeben werden.

Sogyal Lakar,
die Rigpa-Sangha befindet sich in einer Krise. Seit Langem schwelende Probleme mit deinem Verhalten können nicht länger ignoriert oder geleugnet werden. Als Schülerinnen und Schüler, die dir seit Langem verpflichtet und ergeben sind, sind wir davon überzeugt, dass wir uns zu deinem gewalttätigen und missbrauchenden Verhalten äußern müssen.

Dein Verhalten hat uns persönlich, unseren Brüdern und Schwestern in der Rigpa-Organisation und darüber hinaus dem Buddhismus im Westen geschadet. Wenn wir dir schreiben, folgen wir dem Dalai Lama darin, dass Schülerinnen und Schüler tibetischer Lamas dazu verpflichtet sind, Bedenken über ihre Lehrerinnen und Lehrer zu teilen. (…)
Dieser Brief bringt unsere Forderung zum Ausdruck, dein unethisches und unmoralisches Verhalten zu beenden. Dein öffentliches Auftreten ist das des Weisen, des Freundlichen, des Humorvollen, des Warmherzigen, voll des Mitgefühls; dein privates Verhalten aber, deine Art, wie du dich hinter der Bühne zeigst, sind zutiefst verstörend und verunsichernd. Einige von uns haben unsere Bedenken über dein Verhalten mit dir persönlich besprochen, aber das war für dich kein Anlass zur Veränderung. (…)
Unsere wichtigsten Sorgen sind:
1. Dein physischer, emotionaler und psychischer Missbrauch von Schülerinnen und Schülern.
2. Deine sexuellen Vergehen an Schülerinnen und Schülern.
3. Dein unersättlich verschwenderischer und genusssüchtiger Lebensstil.
4. Handlungen von deiner Seite, die unsere Wertschätzung für die Dharmapraxis vergiftet haben.

Die dargestellten Punkte sind ausführlich beschrieben und mit Beispielen in Anmerkungen belegt. Am 11. August 2017 erklärte Sogya Rinpoche in einer Mitteilung seinen Rücktritt „von allen Organisationen, die den Namen Rigpa tragen“.

Der von Rigpa in Auftrag gegebene Lewis-Skilkin-Report[34] vom 22. August 2018 untersuchte die Anschuldigungen. Der Bericht kommt zu dem Schluss:

Nicht alle Vorwürfe gegen Sogyal Lakar werden bestätigt, wie im folgenden Hauptkapitel des Berichts erklärt wird, doch auf Grundlage der mir vorliegenden Aussagen gehe ich davon aus, dass mit überwiegender Wahrscheinlichkeit:

- *Einige Schüler*innen Sogyal Lakars (die Teil des „inneren Kreises“ waren, wie später in diesem Bericht beschrieben wird) ernsthaftem körperlichem, sexuellem und emotionalem Missbrauch durch ihn ausgesetzt waren; und*

- *es Einzelpersonen in Leitungspositionen innerhalb von Rigpa gab, die sich zumindest einiger dieser Vorkommnisse bewusst waren und sie nicht angesprochen haben, wodurch andere gefährdet wurden.*

Nach den erneuten Vorwürfen und einem offenen Brief ehemaliger Schüler*innen zog sich Sogyal Rinpoche in einem an seine Sangha gerichteten Brief am 11. August 2017 als spiritueller Leiter nach Thailand zurück, wo er in einem Krankenhaus am 28. August 2019 verschied.

Der Fall hat in der DBU eine Debatte um einen notwendigen Ethikrat und eine Reflexion des Lehrer*innen-Schüler*innen Verhältnisses ausgelöst. Zudem hat die DBU im November 2018 zwei neutrale qualifizierte Ansprechpersonen für Missbrauchsfälle im buddhistischen Kontext eingesetzt. Rigpa etablierte im September 2018 einen Verhaltenskodex und führte ein Beschwerdeverfahren ein, um zukünftig mögliches Fehlverhalten der Lehrenden zu verhindern. Damit einhergehend begann ein Prozess, die Kultur in Rigpa zu verändern.

Durch Medienberichte in mehreren Internetmagazinen und Zeitungen erfuhr eine breitere Öffentlichkeit von den Missbräuchen. Das überwiegend positive Bild des Buddhismus in der Öffentlichkeit bleibt davon noch unberührt.

Frauenordination

Die Genderthematik, in der ein Machtgefälle in Bezug auf die gesellschaftliche und religiöse Stellung der Frau die Möglichkeit des spirituellen Missbrauchs begünstigt, kennt auch der Buddhismus. Der Buddha selbst ermöglicht zwar die Ordination von Nonnen auf Drängen von Mahāpajāpatī Gotamī, aber im Laufe der Geschichte kam es zu unterschiedlichen Stellungen der Nonnen im Sangha und nur zur Möglichkeit der Voll-Ordination (Bikkhuni) in einigen Schulen, heute z.B. ist diese Ordination in China und Korea möglich. Die jüdischstämmige buddhistische Nonne Ayya Khema (1923-1997) gilt als erste westliche Nonne in der Theravada-Tradition und hat sich intensiv für die Ordination von Frauen eingesetzt.

Die Frage wurde natürlich auch immer wieder an den 14. Dalai Lama herangetragen. Nicht ohne Humor, aber doch eindeutig, hat er die Möglichkeit einer Reinkarnation als Frau nicht ausgeschlossen: “If a woman reveals herself as more useful the lama could very well be reincarnated in this form".[35] Auf die Frage, warum in vielen Orden, auch in Tibet, die volle Ordination noch nicht umgesetzt ist, verweisen viele Stimmen auf die Gefahr von Spaltungen der Orden, die Frage nach gesellschaftlicher Akzeptanz und die angebliche Zurückhaltung des Buddha.

Missbrauch ist bereits in den ältesten buddhistischen Schriften ein Thema, so wird von der Nonne Uppalavaṇṇā berichtet, dass sie von einem Mönch vergewaltigt wurde.[36]

> 68. Bei einer Gelegenheit, da hatte sich ein gewisser Brahmanenjüngling in die Nonne Uppalavaṇṇā verliebt. Als die Nonne Uppalavaṇṇā ins Dorf auf Almosengang gegangen war, da versteckte sich der Brahmanenjüngling in deren Hütte und wartete. Nachdem die Nonne Uppalavaṇṇā ihren Almosengang und ihre Mahlzeit beendet hatte, kehrte sie in ihre Hütte zurück und setzte sich auf ihr Bett. Da nun ergriff der Brahmanenjüngling die Nonne Uppalavaṇṇā und schändete sie. Die Nonne Uppalavaṇṇā berichtete diesen Vorfall den anderen Nonnen. Die Nonnen berichteten diesen Vorfall den Mönchen. Die Mönche berichteten dem Erhabenen diesen Vorfall. [Er sagte dazu:] „Das ist kein Vergehen, ihr Mönche, denn sie hat es nicht gebilligt." (Vinaya 3)[37]

Im heutigen Asien gibt es auch Fälle von Missbrauch, die aber selten in den Medien eine breite Öffentlichkeit erreichen. Berichte von Mönchen in- und außerhalb Sri Lankas sind aufgrund damit zusammenhängender Fehlverhalten im Londoner Tempel in die Medien gekommen.[38] Es scheint, dass Machtkonstruktionen, die spirituellen Missbrauch begünstigen, in Asien vielfach noch so konstruiert sind, dass es zu wenigen „coming outs" kommt. Eine „#metoo"-Welle wie im Kontext des Missbrauchs im Christentum, insbesondere des Katholizismus, ist jedenfalls noch nicht festzustellen.

Vorwürfe rechtsradikaler Ausagen: Lama Ole Nydahl

Ole Nydahl (geb. 1941) ist der Gründer des „Diamantweg im Westen" (Kagyü-Schule). Gemeinsam mit seiner 2007 verstorbenen Frau Hannah gründete Nydahl seit 1973 635 Zentren (Stand 2021). Nydahl ist wiederholt durch antisemitische und radikale Aussagen, z.B. gegen Flüchtlinge, aufgefallen. In Deutschland ist der Diamantweg aus der DBU ausgetreten, bevor es zu einem Ausschluss kam. Wesentlich für die Debatte zum spirituellen Missbrauch ist die Vermischung der Rollen: Da Nydahl von seinen Anhängern als hoch realisierter Lehrer angesehen wird, sind seine „Meinungen“ für viele „Wahrheit“. Durch seine verachtenden Aussagen über Flüchtlinge ist es auch zu Gerichtsverhandlungen gekommen. Ein wesentliches Element der von ihm gelehrten Praxis ist die vom 16. Karmapa entwickelte „Karmapa-Meditation“, die besonders für Menschen aus dem Westen gedacht und im Kontext der Mahamudra-Lehre zu sehen ist.

Nydahl wuchs in Dänemark auf und studierte Englisch, Deutsch und Philosophie in Kopenhagen, Tübingen und München. Er begann eine Promotion, die er aber nie abschloss. 1966 lernte er seine Frau Hannah kennen, die 2007 verstorben ist. Das Paar suchte bewusstseinserweiternde Erfahrungen auch im Drogenkonsum und wurde 1969 beim Drogenschmuggel gefasst. In der Untersuchungshaft meditierte Nydahl und beschloss 1970, keine Drogen mehr zu nehmen. 1968 reiste das Ehepaar nach Nepal und nahm 1969 an der Krönungszeremonie des 16. Karmapa teil, dessen Schüler sie 1968 geworden waren. Ole Nydahl wurde nach eigener Darstellung von mehreren namhaften Kagyü-Meistern unterrichtet.

Vom 16. Karmapa wurde Hannah und Ole Nydahl 1973 die Erlaubnis erteilt, Zentren der Karma-Kagyü-Linie aufzubauen. Nach Darstellungen von Ole Nydal handelte es sich um eine Beauftragung des Karmapa. Dies wird jedoch unter Buddhisten debattiert.[39] Das erste Zentrum in Kopenhagen wurde im Oktober 1973 vom 14. Dalai-Lama eingeweiht. Inzwischen gibt es über 169 Zentren allein in Deutschland. 1994 hatte Eva Saalfrank sich in einer Dissertation mit dem Aufbau und der Organisation der Zentren auseinandergesetzt.[40] Bee Scherer diskutiert Nydahls Selbstverständnis seines Auftrags, den Buddhismus in den Westen zu bringen, kontrovers und spricht von einer Hagiographie, die das Leben Nydahls und besonders die Beauftragung des Karmapa in einem verklärten Licht präsentiert (Scherer 2009). Nydahl ist Mitbegründer der „Buddhismus Stiftung Diamantweg der Karma Kagyü Linie“, einer Stiftung nach deutschem Recht, welche mehrere Institute der Kagyü-Linie unterstützt. 2007 wurde in Immenstadt im Allgäu ein „European Center“ gegründet.

Im Sommer 2018 kam es zu einer Debatte um die Äußerungen Nydahls während einer Lehrveranstaltung in Immenstadt. Die Presse zitierte ihn mit den Worten „Andere hatten Hitler und Stalin, wir haben den Islam. Das ist alles dasselbe.“[41] Sowohl die DBU[42] als auch die veranstaltende Organisation des Diamantweg-Buddhismus[43] nahmen zu den Vorwürfen Stellung. Die zunächst eingeleiteten Ermittlungen der Staatsanwaltschaft wurden eingestellt.[44] Debattiert werden unter anderem auch Nydahls Aussagen zum Islam, den Terroranschlägen in Brüssel und Flüchtlingen: „Ein großes Problem, was wir uns da aufgehalst haben. Die Leute hätten einfach nur den Koran lesen müssen und verstehen müssen (...) dann hätten wir vielleicht nicht so viele über die Grenze geholt oder aus dem Wasser geholt sogar (lacht).“[45] Nydahl hat seine Äußerungen mit dem Recht auf freie Meinungsäußerung verteidigt. Die Organisationen des Diamantweg-Buddhismus reagieren darauf mit Gesprächsangeboten, wie in Immenstadt, und öffentlichen Stellungnahmen.

Einige Schüler*innen sehen in den Aussagen kein Problem[46] und trennen zwischen den Aussagen Nyhdals als Lama und Lehrer und privat getätigten Meinungen. Die Wirkung auf die Gruppe muss ernst genommen werden und verweist auf einen Missbrauch Nydahls in seiner Lehrer-Rolle. In einem Interview für ein Forschungsprojekt unterstreicht allerdings eine Schülerin, dass ihr die Debatte um den Lehrer der Gruppe Ole Nydahl[47] bekannt ist: „[A]n Lama Ole wurde schon viel Kritik geübt, das ist uns allen nicht unbekannt. Ist aber einfach nicht unser Fokus als seine Schüler. … Das, was ich als seine Schülerin möchte, sind seine Belehrungen“. Und „persönliche Meinungsäußerungen zu nicht-buddhistischen Themen nehmen hierbei keinen Einfluss auf ihre Hingabe“ (Interview SvR, 31:07, Rötting 2022, 240). Dies mag nicht auf alle Schüler*innen zutreffen, aber zumindest auf einen nicht unwesentlichen Teil.

Konsequenzen für gesellschaftliche Bindungsstrukturen des Buddhismus

Die Situation des Buddhismus in Europa (Krammer & Rötting 2022) oder den USA ist von der des Buddhismus in Asien zu unterscheiden.

In Europa haben die dargestellten Skandale im Zusammenhang mit den Führungsfiguren der Gruppen große Konsequenzen. Es lässt sich eine

Dreiteilung der betroffenen Gruppe feststellen: ein Teil der Mitglieder hält weiter zum Guru oder Meister und trennt zwischen privatem Leben und Lehre des Meisters. Ein weiterer Teil kann die Fehltritte des Meisters nicht akzeptieren und sucht aktiv nach Alternativen. Ein Austritt ist hier häufig die Folge. Ein dritter Teil verbleibt vorläufig noch in der Gruppe, kann dies aber weder nach innen noch nach außen aktiv vertreten, da die Meinungsbildung über den im Raum stehenden Vorfall noch nicht abgeschlossen ist.

Herausforderung für verbundene Spiritualitäten

Der Buddhismus ist mit der Rezeption der Zen-Meditation im Katholizismus durch Pioniere wie den Jesuitenpater Enomja Lassalle intensiv mit interreligiösen Spiritualitäten verwoben. Viele Christ*innen konnten durch die Begegnung mit dem Zen ihre Gottesbilder nicht nur herausfordern, sondern auch weiterentwickeln. Die Wiederentdeckung der christlichen Mystik und des Herzensgebetes sind Früchte dieser Begegnung. Insofern bewegt eine zunächst innerbuddhistische Debatte um Meister*innen-Schüler*innen-Beziehungen auch das Christentum, da dieses oft mit übernommen worden ist.

Momentan wichtig ist, dass sehr wichtige Figuren des interreligiösen Dialogs wie Thich Nhat Hanh und der Dalai Lama nicht direkt in die oben beschriebenen Skandale verwickelt sind. Das öffentliche Bild des Buddhismus bei Christ*innen ist weitgehend positiv. Inzwischen hat sich auch der Dalai Lama mit Missbrauchsopfern getroffen.[48] Kritiker*innen werfen ihm vor, er habe seit den 1990er Jahren von den Fällen gewusst, aber zu wenig unternommen. Im April 2023 kam der Dalai Lama selbst in den Fokus, weil ein Video kursierte, in dem er einen Jungen auffordert, „an seiner Zunge zu lutschen“. Die Aussage wird divers interpretiert, unter anderem als tibetisches Sprichwort. Der Dalai Lama hat sich für den Vorfall entschuldigt.[49]

Durch die Störung der Meister*innen-Schüler*innen-Beziehung in vielen der bekannten Fälle, ist eine Unison-Spiritualität nur schwer aufrecht zu erhalten. Einige Betroffene flüchten sich in eine absolute Bejahung des Gurus, der für sie durch die Missbrauchsvorwürfe, die sie oft als nicht bestätigt ansehen, in eine Art Märtyrer-Rolle kommt. Es entstehen neue kleine Zirkel einer Bastions-Spiritualität. Freestyle-Spiritualitäten werden schwieriger.

Einfluss auf interreligiöse Verflechtungen

Einzelne Täter spirituellen oder sexuellen Missbrauchs waren vor dem Aufkommen ihrer Taten im interreligiösen Dialog aktiv. Genpo D., der wegen mehrfachen sexuellen Missbrauchs an Kindern verurteilt wurde, war eine sehr wichtige und zuverlässige Säule des interreligiösen Dialogs für den ganzen süddeutschen Raum und weit darüber hinaus. Es wird berichtet, der geständige Genpo D. hatte dabei auch seine Rolle als Meister ausgenutzt, „das Vertrauensverhältnis zwischen Zen-Meister und Zen-Schüler habe dabei eine besondere Rolle gespielt".[50]

Viele evangelische wie katholische Bildungshäuser haben über Jahre mit Genpo D. zusammengearbeitet. Auch der Autor kennt Genpo D. aus vielen Kooperationen im Rahmen des interreligiösen Dialogs. Dialogformate, die sich seit den 1990er Jahren regelmäßig und mit wachsendem Vertrauen eingespielt hatten, waren nun nicht mehr möglich. Dies bezieht sich zunächst auf die Person Genpo D. als Dialogpartner, aber auch auf die Enttäuschung im Kontext einer interreligiösen Freundschaft, die sich über Jahre entwickelt hat. Mit dem Bekanntwerden der Vorwürfe und schließlich der Verurteilung und auch dem Schuldgeständnis veränderten sich die Dynamiken in den Dialogprozessen, der Dialog selbst sucht sich aber natürlich neue Wege.

Innen- und Außen-Wahrnehmung als buddhistische Organisationen

Die von spirituellem oder sexuellem Missbrauch betroffenen buddhistischen Organisationen sind zunächst von der Innenwahrnehmung betroffen. Die meisten der Gruppen erfahren, wie zuvor erwähnt, nach Bekanntwerden des Missbrauchs durch den Meister eine Spaltung in drei Teilgruppen.

Gruppe 1 hält nach wie vor zum Guru, oft wird betont, dass die Übertretungen in gegenseitigem Einverständnis mit Erwachsenen geschehen seien, die Betroffenen hätten sich ja ablehnend verhalten können usw. – In einigen Fällen wird auch die Rolle als Lehrer und Guru von der Privatperson getrennt.[51]

Gruppe 2 verlässt den Guru und wechselt entweder zu einer alternativen buddhistischen Gruppe oder verarbeitet das Geschehene, indem alternative Spiritualitäten zur betroffenen Gruppe gesucht werden, um sich abzugrenzen. Die Betroffenen dieser Gruppe müssen auch ihre bisherige Zugehörigkeit zur Gruppe reflektieren und ihre früheren Entscheidungen nach innen und außen rechtfertigen.

Gruppe 3 ist mit den Geschehnissen überfordert, kann sich aber weder klar weiter zum gefallenen Guru bekennen, noch sich ganz von ihm abwenden. Sie verhält sich ziellos und indifferent, was die Entscheidungen der Gesamtgruppe anbelangt.

Die drei Gruppen können selten ein bisher gemeinsames Zentrum aufrechterhalten, auch eine gemeinsame Praxis wird oft dadurch erschwert, dass in vielen buddhistischen (und auch hinduistischen) Ritualen auf den Altären Fotos der Lehrer eine Rolle spielen und oft auch Texte oder deren Namen im Ritual verwendet werden. Diese Praxis ist als Gesamtgruppe nicht mehr möglich. Durch die Abwanderung einiger können oft die betroffenen Gruppen das Zentrum nicht mehr aufrechterhalten. Meist verwenden buddhistische Gruppen Mietobjekte, die durch den Vereinsbeitrag finanziert werden. Wenn die Mitgliederzahl unter ein kritisches Maß sinkt, muss der bisherige Versammlungsort aufgegeben werden. Einige Gruppen können als Gäste Praxisräume anderer Gruppen nutzen, manche zerfallen auch, weil es keine spirituelle Heimat im Sinne von Treffen und vertrauten Orte mehr gibt.

Je bekannter die Meister durch die Medien sind, desto schwieriger ist auch die Situation der Betroffenen im Diskurs mit Freund*innen und Bekannten. Die meisten Buddhist*innen im Westen haben durch ihre Konversion zum Buddhismus bereits eine intensive Auseinandersetzung mit der Herkunftsreligion hinter sich. In der Phase der Entdeckung des Buddhismus[52] entwickelte sich in vielen Fällen eine Idealisierung desselben auf Kosten der Perspektive auf das Christentum, das als Negativfolie dient. Auch wenn sich bei vielen in der Lebensweg-Navigation und in interreligiösen Lernprozessen eine positivere Sicht zumindest auf Aspekte der christlichen Spiritualität ergeben hat, so bleibt doch meist der Buddhismus positives Leitbild. Wird die idealisierte Religion im Rahmen der Missbrauchsdebatten nun mit ähnlichen und vergleichbaren Vorwürfen konfrontiert, wie das Christentum, so fordert dies das eigene Bild des Buddhismus nicht nur heraus, sondern auch das Vertrauen in das eigene Urteilsvermögen im Blick auf spirituelle Wege.

Umma: Die Fassade des Hauses des Islam

Die Gemeinschaft der Muslime/Musliminnen weltweit kämpft mit dem Außenbild der eigenen Religion. Debatten über Stereotypen zur Unterdrückung der Frau und der Gewaltbereitschaft als Kennzeichnung der Religion sind zum aktiven Außenbild der Religion geworden. Diese aggressive Fassade ist das Produkt eines höchst komplexen Staged Othering Prozesses der letzten Jahrzehnte. Das Bild des Islam ist ja nicht immer und durchgehend negativ gewesen. Der Orientalismus und die Orient-Euphorie vergangener Tage zeigt sich immer noch in vielen Bezügen zum Islam wie in der Architektur, in Kunstgegenständen und auch Marken-Emblemen. Auch Karl Mays Kara Ben Nemsi und ein transreligiöser Sufismus gehört in diese Phase.

Inzwischen aber hat sich das Bild gewandelt. Viele geben dafür das Datum der Terroranschläge auf das World Trade Center am 11. September 2001 an, ein symbolträchtiges Datum, das auch für viele Muslime/Musliminnen einen Wendepunkt markiert: die Entstehung des Generalverdachts eines gewalttätigen Islams. Diese Fassade verändert sowohl die Außen- wie auch die Innenwahrnehmung des Islams und somit seine Struktur als religiöse Organisation auf drastische Weise.

Die besondere Herausforderung benennen

Der Islam sieht sich mit verschiedenen Herausforderungen konfrontiert, die vor allem mit den regionalen und kulturellen Prägungen und ihrem Verhältnis zur lokalen (Mikroebene), zur regionalen (Mesoebene) und zur globalen Gesellschaft (Metaebene gesellschaftlicher Relevanz) zu tun haben. Diese können höchst unterschiedlich ausfallen und dabei sehr diverse Außen- und Innenwahrnehmungen produzieren. Die Debatte um die Situation der Frau im Iran zeichnet ein anders Bild wie die Aktionen der Boku Haram, die als terroristische Vereinigung in Nigeria, dem Tschad, Niger und Kamerun aktiv ist. Dies wiederum unterscheidet sich stark von den

Debatten zum Euro-Islam, zur Integration der dritten Generation muslimisch geprägter Einwanderer*innen in Staaten Europas oder der Frage des Verhältnisses des Islams zu anderen Religionen in Indien oder Indonesien. Es gibt also nicht die eine Herausforderung, sondern sehr viele heterogene. Aus Platzgründen liegt der Fokus hier auf der Herausforderung des Islam in Europa, insbesondere im deutschsprachigen Raum.

Auch hier gilt, dass es viele muslimische Gruppierungen mit unterschiedlichen Anbindungen an Herkunftsregionen gibt. Viele muslimische Vereine und Islamverbände sind daher auch Kulturinseln und bieten ihren Mitgliedern ähnliche Orte an, wie die Auslandsgemeinden anderen Religionen auch. Dennoch tritt der Islam auch als eine Religion auf, die bei allen Unterschieden für einen Islamunterricht in Deutschland kämpft, ihn bereits abhält und verantwortet, oder, wie in Österreich, eine anerkannte Religionsgemeinschaft ist. Auch das Entstehen muslimischer Fakultäten und die Debatten um muslimischen Religionsunterricht charakterisieren das Gesicht „des Islams".

Eine der größten Herausforderungen des Islam in Europa ist jedoch das Stigma, eine gewaltbereite oder sogar gewaltverherrlichende Religion zu sein. Nicht nur 9/11, sondern auch die Anschläge in den Jahren danach, auch in Europa, haben dazu beigetragen. Besonders die Brutalität des sogenannten IS erzeugen diese Bilder, die dazu führen, dass andere Aspekte des Islam nicht mehr in die Wahrnehmung gelangen.

Dies betrifft besonders Aspekte der Spiritualität. Der Sufismus war in den 1980er Jahren als Meditationsmethode fast genauso beliebt wie der Zen-Buddhismus. Im Westen wurde der Sufismus durch Inayat Khan (gest. 1927) bekannt. Es gibt auch einige muslimische Gruppierungen, wie die Naqshbandīya nach Scheich Nazim, und andere mit insgesamt 10.000 Mitgliedern, die sich auf den Sufismus beziehen. Der „Verband islamischer Kulturzentren" (VIKZ) bezieht sich außerdem über die Lehre von Süleyman Efendi auf Elemente der Lehre der Naqshbandīya (21.000 Mitglieder bei 300 Vereinen 2010, ca. 80.000 mit Familienmitgliedern). Auch die Lehre der Hizmet-Bewegung nach Fethullah Gülen bezieht sich vereinzelt auf Sufi-Traditionen."[53]

Der von Inyat Kahn gegründete „International Sufi Order" änderte den Namen[54] 2016 in „The Inayati Order" und folgte damit der Tradition, den Namen des Gründers aufzunehmen.

Insgesamt ist allerdings das Interesse am Sufismus durch das oben gezeichnete Bild stark beeinflusst worden.[55] Das Interesse der Allgemeinheit hat bedeutend nachgelassen und die Muslime/Muslimas erzählen in Forschungsinterviews[56] davon, dass die Debatten um das eigene Image so stark auf Internes einwirken würde, dass für spirituelle Fragen oft die Kraft und die Luft fehle.

Konsequenzen für gesellschaftliche religiöse Bindungsstrukturen der Umma

Aufgrund der aktivierten Verteidigungsposition gegen das stark negative Image wird die Beziehung zu Muslimen/Muslimas mit ähnlicher spiritueller Prägung und gesellschaftlicher Vision für den Islam in Europa gestärkt. Dies gilt sowohl für die sich der deutschen, österreichischen oder schweizerischen Kultur annähernden Gruppen, etwa durch Verwendung von Landessprachen in der Predigt, als wie auch für diejenigen, die sich auf ihre Herkunftskultur fokussieren oder auf das Konstrukt eines „originalen Islam des goldenen Zeitalters".

Einige sehr engagierte Personen in muslimischen Moscheeverbänden gaben in Interviews an, aufgrund der kritischen Anfragen durch Arbeitskolleg*innen nach den Anschlägen von 9/11, „ob man auch zu denen gehöre"[57], einem inneren Impuls gefolgt zu sein, sich der lokalen Moscheegemeinde anzuschließen und bei der Aufklärung, wie der „Islam wirklich sei", zu helfen.

Für die in Deutschland und Österreich sehr große Community der türkischstämmigen Muslime/Muslimas hatte der Putschversuch am 15. Juli 2016 in der Türkei massive Folgen. Die bis dahin für viele Intellektuelle besonders attraktive Hizmet Bewegung, gegründet von Fethullah Gülen, wurde beschuldigt, den Putsch verübt zu haben. Damit standen alle Gülen-Anhänger unter Generalverdacht und erhielten teilweise sogar in DITIB Moscheen in Deutschland Hausverbot.

Diese Impulse hatten zur Folge, dass viele Muslime/Muslimas und muslimische Gruppen unter Druck eine Bastionsspiritualität entwickelten, die sich dann entweder von der Außenkommunikation weitgehend zurückzieht oder offensiv den Islam gegen die westliche Welt zu verteidigen sucht. Es bilden sich attraktive Sinnkarten mit eindeutigen Identitäten heraus. In Reaktion auf die politische und ideologische Situation während der Phase des IS bildet sich eine Figur des messianischen Heldenkämpfers für den „ursprünglichen Islam" heraus, eine Kunstfigur, die als Stereotyp von den Werbevideos des IS verwendet wurde und auch in Deutschland Anhänger*innen gefunden hat, darunter einige, die dadurch zum Islam konvertierten.[58]

Herausforderung für verbundene Spiritualitäten wie dem Sufismus

Der Sufismus prägt den Islam sowohl innerhalb traditioneller Strukturen, wie besonders in Marokko oder im türkischen geprägten Islam teilweise in der Hizmet-Bewegung, als auch in Gruppen, die sich transreligiös verstehen und den Sufismus auch als Brücke für interreligiöse Verbindungen verstehen, wie die Bewegung von Inayat Kahn (1882-1927), die er 1920 gründete.

Durch die Negativdebatten im Licht der Anschläge von 9/11, der Attentate in den Folgejahren auch in europäischen Städten und dem politischen Einfluss islamistischer Strömungen wie Al-Kaida, den Taliban und dem IS wurde der Sufismus sowohl innermuslimisch als auch in interreligiösen und gesellschaftlichen Debatten zum positiven Beispiel, eine Art Gegenbild des „guten Islam". So wurde der "International Summit of Moderate Islamic Leaders", der 2016 in Jakarta abgehalten wurde, von der Nahdlatul Ulama (NU) unterstützt, einer mit dem sufistischen Barlewi-Movement verbundene indonesische Organisation.[59] Die Etablierung des Sufismus als „positive Seite des Islam" hat allerdings auch den Effekt, dass sich andere Gruppen weiter radikalisieren und in Folge auch sufistische Heiligtümer und Schreine Ziel islamistischen Terrors sind, wie es seit 2005 immer wieder zu beobachten ist. Diese Frage stellt sich etwa auch in Bezug auf die Attacken in Timbuktu durch die Besetzung von Ansar al-Din 2012. Es wurden dabei zuerst jene religiösen Stätten zerstört, die als sufistisch und UNESCO World Heritage[60] klassifiziert wurden.

Sufistische Gruppen ihrerseits positionierten sich, indem Fatwas gegen islamischen Extremismus erlassen wurden. Besonders beachtet wurde die Fatwa von Muhammad Tahir ul-Qadri[61] nach den Anschlägen in London.

Allerdings ist auch zu bemerken, dass die Mitgliederzahlen der internationalen Sufi Orden mit Blick auf westliche Mitglieder gesunken sind. Für junge Muslime/Muslimas sind sie oft eine Option und Alternative zu den häufig als konservativ angesehenen Moscheegemeinden der Migrationsgemeinden.

Einfluss auf interreligiöse Verflechtungen mit dem Islam

Die beschriebenen Herausforderungen haben in den letzten 20 Jahren eine Intensivierung muslimischer Dialogaktivität bewirkt. Von Moscheevereinen, die zum Iftar eingeladen und so ein neues muslimisch geprägtes Dialogformat geschaffen haben, bis hin zu im Dialog aktiver Studierendengruppen an Hochschulen und akademischen Netzwerken zur Dialogstruktur des Islam, gibt es Bemühungen, eine deutschsprachige muslimische Religionspädagogik zu entwickeln. In der gesellschaftlichen Wahrnehmung ist der Islam durch diese Aktivitäten präsenter geworden.

Allerdings führten die oben beschriebenen Bastions-Spiritualitäten auch dazu, dass einige Individuen und Gruppierungen den Dialog als Überforderung erleben, sei es wegen der emotionalen Anstrengung der ständigen Verteidigungsposition oder durch sprachliche Barrieren, und sich deshalb aus interreligiösen Verflechtungen zurückziehen.

Innen- und Aussen-Wahrnehmung des „Islam“

Ein Phänomen, welches seitens der nichtmuslimischen Bevölkerung beobachtet werden kann, ist das Staged Othering, ein Zur-Schau-Stellen des Anderen in einem Zerrbild. Eine Form des negativen Staged Othering war die Minarettdebatte in der Schweiz in den Jahren 2007-2009. Auf Plakaten, die die Gefahr des Islam zeigen sollten, wurden Minarette grafisch auf einer Karte der Schweiz platziert, in denen diese wie Raketen aussahen. Eine völlig in schwarz dargestellte Muslima in absoluter Verschleierung unterstrich die bedrohliche Stimmung.

Islam morgen?

Der Yaler Islamwissenschaftler Frank Griffel unterstreicht den starken Einfluss der Kolonialisierung (Griffel 2018) und empfiehlt eine Rückbesinnung auf die Weite und Toleranz des Mittelalters. Allerdings bleibt offen, wie der Unterschied von damals, als der Islam eine neue aufstrebende Weltmacht mit politischem Einfluss war, und heute, wo sich gerade Muslime/Muslimas in Europa mit Migrationshintergrund in Kritik sehen, in die Zukunft wirkt. Die Politisierung islamistischer Gruppen erzeugt momentan eine Spannung, die auch muslimische Gläubige außerhalb muslimisch geprägter Länder spüren.

Eine Vision des Islams in der Zukunft in Europa entwickelte der syrischstämmige und in Frankreich lebende Basam Tibi unter dem Schlagwort „Euro-Islam".[62] In der Debatte wird kritisiert, dass die Bezeichnung stark aufgeladen sei. Gegner*innen behaupten, es stecke mehr „Europa" als „Islam" im „Euro-Islam".[63] Viele Expert*innen sind sich einig, dass es nicht „den Islam" in Europa gibt und wohl auch nicht geben werde. Für viele Muslime/Muslimas der 3. und 4. Generation in Westeuropa bieten die Entwürfe von Tibi und anderen eine Alternative zu den romantischen und daher oft konservativen Formen des Isam in den Moscheeverbänden, die gleichzeitig oft Kulturzenten des jeweiligen Landes sind.

Eine theologische Vision legt der muslimische Theologe Mouhanad Khorchide mit „Islam ist Barmherzigkeit" (Khorchide 2019) vor. Er beschreibt seinen Entwurf als „Grundzüge einer modernen Religion". Dabei fungiert der für Khorchide zentrale Begriff der Barmherzigkeit als Gegenfolie zu einer „schwarzen Pädagogik" (Khorchide 2019, 45).

Die unterschiedlichen Reaktionen und auch persönlichen Angriffe auf den engagiert in der Öffentlichkeit für ein barmherziges Gottesbild werbenden Autor belegen, ähnlich wie die Reaktion in der muslimischen Welt auf den Sufismus, dass unterschiedliche Bewegungen in vielerlei Form um die Zukunft des Islam ringen. Allerdings zeigt sich auch: Der Islam ist keineswegs so starr und bizarr wie in manchen Medien gezeichnet, sondern eine extrem dynamische Größe geworden.

Jüdisches Volk: Land in Sicht?

Die Identität des jüdischen Volkes als ethnisch-kulturelle Größe und als Religion ist im Wesentlichen auch von der Frage nach dem Land und seiner Bedeutung geprägt.[64] Die Verheißung des Landes[65] ist in religiöser Perspektive eine Verheißung, die im Buch Genesis an Israel gegeben wird und die sich im Verlaufe der in der Thora und in der Bibel erzählten Geschichte des Volkes Israel als eine Bewegung hin zum Land im Buch Exodus und dessen durch Gott ermöglichte Eroberung erzählt. In den Prophetenbüchern spielen Warnungen davor, das Land zu verlassen (Buch Jeremia), eine immer wiederkehrende Rolle.

Das politische Israel bezieht sich durch seine Verwebung mit der jüdischen Religion, die einen Sonderstatus hat, auf das Land auch in religiöser Sicht. Die Siedlungspolitik und ihre religiös aufgeladenen Bedeutung verschärfen dabei die Situation.

Jüdische Menschen, die in Israel leben, beziehen sich oft, aber nicht immer, auf das Land als Verheißung und Bestimmung. Jede Verortung des Staates Israel wird auch religiös gelesen.

Aber auch außerhalb Israels lebende Juden/Jüdinnen benennen das Land als Sehnsuchtsort. Der Wunsch „Nächstes Jahr in Jerusalem“[66] erzählt von dieser Dimension.

Sowohl theologisch im Kontext von anderen Religionen, wie etwa die muslimische und christliche Bevölkerung, als auch gegenüber anderen Bewohnern des Landes, die dieses ebenfalls als ihnen zugesprochen verstehen – die Frage nach dem Land betrifft direkt oder indirekt das jüdische Selbstverständnis.

Die besondere Herausforderung benennen

Eyal Ben-Eliyahu (2019) zeigt in seiner Studie „Identity and Territory: Jewish Perceptions of Space in Antiquity“, wie sich die Identität des Judentums in soziohistorischer Beziehung zum Land entwickelt hat. Er beginnt seine Analyse mit dem Hinweis darauf, wie unterschiedlich der von Tourist*innen in Israel besichtige Tempelberg gelesen wird. Manche sehen in ihm den Ort, auf dem der zweite Tempel stand. Die muslimischen Gebäude kommen dabei in der Ortsbezeichnung nicht vor. Die Veränderung der Bedeutung in der Antike zeige sich durch die Bedeutungsverschiebung von „Judäa" hin zu „Israel". Die vom Hellinismus geprägten Rabbiner wiederum beschreiben das „Heilige Land" – eine Mystifizierung und auch ein Fokus auf „heilige Stätten" setzt ein. Die Sicht auf Israel ist ein Spiegel für die jüdische Identität von Individuen und Gruppen, die flexibel und in Bewegung ist (Ben-Eliyahu 2019, 155). Das Land fungiert dabei nicht selten als eine Art Anker, als Fixpunkt, der jüdischen Identitäten im schicksalhaften Wandel der Diaspora Halt gibt.

Gleichzeitig beinhaltet diese territoriale Identifikationsverortung eine politische Sprengkraft, die oft dazu führt, dass sich an der Frage im Umgang mit politischen Herausforderungen der Gegenwart auch religiöse Frontstellungen provozieren lassen.

Eine der wichtigsten heutigen Herausforderungen mit Blick auf den Dialog der Religionen sehen Alain Marchadour und David Neuhaus im Miteinander von palästinensischen Muslim*innen, Christ*innen und Israelit*innen als signifikantes Zeichen der Bedeutung des Landes.[67]

Konsequenzen für gesellschaftliche religiöse Bindungsstrukturen

Für Juden/Jüdinnen in der Diaspora stimuliert die Landfrage immer wieder neu eine interne Debatte um die eigene historische, kulturelle und religiöse Heimat. Das Judentum vergisst natürlich auch in der Diaspora nicht die eigene Verbundenheit mit dem Land Israel, fragt aber immer wieder, was diese Verbundenheit nun für das eigene Leben in der Diaspora bedeutet. Jüdisches Leben hat auf vielfältige Art die Geschichte, die Sprache und das Denken besonders auch in Europa beeinflusst. Das Jiddisch als Sprache zeigt dabei wie verwurzelt und verwoben das Judentum und die deutschsprachige Kultur sind.

Die Bemühungen des fruhen Reformjudentums ausgehend von Mo ses Mendelssohn in Berlin versuchen in der Haskala das „Andere" des Jüdischsein fast aufzulösen. Gleichzeitig entsteht mit der Angleichung des Judentums an das Vorbild der protestantischen Kirche das Judentum als „Religion". Die Frage nach dem Judentum als Volk oder Ethnie wird dadurch indirekt herausgefordert (Batnitzky 2011). Die religiöse Dimension des Landes als Herausforderung für damit verbundene Spiritualitäten innerhalb des gegenwärtigen Judentums ist auf das Engste mit den Reaktionen auf den Holocaust und einer postholocaust Theologie und Philosophie verbunden.

Herausforderung für verbundene Spiritualitäten

Batnitzki zeigt den Zusammenhang von Holocausreaktion, Politik und Religion in Verbindung mit der Dialektik der Moderne auf. Für die einen sei das Land Israel für die Zionisten der Staat, das Land und die Juden/Jüdinnen im wahrsten Sinne des Wortes Teil einer finalen Lösung. Levinas und seine Schule deutet Batnitzki als jene, die im Staat Israel und dem jüdischen Volk Modell oder Vertreter einer universellen Ethik sehen. Trotz dieses offensichtlichen Widerspruchs in den Denktraditionen gebe es eine Verbindung, so Batnitzki. Beides seien Reaktionen auf den Holocaust und sehen die Trennung von Politik und Religion in der Moderne kritisch:

> "In turn, both schools of thought attempt to reinsert religion into politics. (…) after the Holocaust, the contention that Jewish religion does not interfere with the state gives way to the assertion that Jewish religion, and only Jewish religion, can give the state its meaning." (Batnitzky 2011, 91-92).

Diese Verbindung unterstreicht auch Zvi Yehudah Kook[68], auf den Batnitzki verweist und ihn zitiert:

> "The Jewish people has been brought here, severed from the depths of exile to come to the State of Israel. The blood of the six million represents a substantial excision for the body of the nation. (…) God's people had clung so determinedly to the impurity of foreign lands that, when the End Time arrived, they had to be cut away, with a great shedding of blood (…) This cruel excision (…) reveals our real life, the rebirth of the nation and the land, the rebirth of the Torah and all that is holy. (…) These historical, cosmological, divine facts must be seen as such. Seeing is more than understanding; it is encounter, encounter with the Master of the Universe.[69]

Das Land wird so in den unterschiedlichsten Reaktionen des Judentums auf den Holocaust zu einem religiösen Fixpunkt und auf der Ebene der persönlichen Lebensentscheidung, wo man als Jude/Jüdin leben sollte, auch zu einem unübergehbaren Faktor persönlicher individueller Spiritualität.

EINFLUSS AUF INTERRELIGIÖSE VERFLECHTUNGEN

Die Verwebung der Landfrage mit der religiösen oder auch zionistischen Perspektive zeigt, dass es aus jüdischer Perspektive immer eine Haltung zum Land gibt, die für die jeweilige Position zentral ist. Andere Religionen[70] können dies nicht einfach übernehmen und ringen daher mit ihrer theologischen oder philosophischen Position zur „Landfrage", die aufgrund der politischen Situation und der seit Jahren schwelenden und noch immer ungelösten Konflikte zwischen Israelis und Palästinensern, die sich oft zugleich mit Religionen identifizieren, nicht übergehen lässt.

In ihrer Studie unterstreicht Julia Feldbauer, dass für die katholische Kirche bereits 1985 in dem Dokument „Hinweise für eine richtige Darstellung von Juden und Judentum in der Predigt und in der Katechese der katholischen Kirche" der Vatikanischen Kommission für die religiösen Beziehungen zum Judentum im Sekretariat für die Einheit der Christen vom 24. Juni 1985 artikuliert wurde:

> „Was die Existenz und die politischen Entscheidungen des Staates Israel betrifft, so müssen sie in einer Sichtweise betrachtet werden, die nicht in sich selbst religiös ist, sondern sich auf die allgemeinen Grundsätze internationalen Rechts beruft."[71]

Feldbauer analysiert treffend:

> „Hiermit wird einer ‚religiösen' Interpretation des Staates Israel von Seiten der katholischen Kirche explizit eine Absage erklärt, dafür wird vielmehr eine politische Anerkennung hervorgehoben."[72]

Mit Blick auf die oben skizzierte Breite der jüdischen Positionen taucht somit die Frage auf, wie die Nichtakzeptanz einer theologischen Deutung des Landes durch das Judentum sich auf die interreligiösen Beziehungen auswirkt.

Auch andere Religionen reagieren auf die Landfrage, allen voran natürlich der Islam[73] und das Christentum. Bereits 1998 hatte Litvak eine Islamisierung des Palästina-Israel Konfliktes und das Beispiel der Hamas (Litvak 1998) analysiert.

Elizabeth Harris verwendet die Kategorien der Theologie der Religionen, um die Machtverhältnisse in Sri Lanka und Israel/Palästina zu analysieren. Dabei stellt sie fest, dass die theologische Kategorie des Inklusivismus die politischen Verhältnislogiken beschreiben kann. Es wird zwar Freiheit zugestanden, aber die Kontrolle verbleibt:

> „Die Abkommen erkannten die Würde des palästinensischen Volkes an, aber nur innerhalb einer Struktur, die den Israelis die ultimative Kontrolle übertrug – eine klassische Form der inklusivistischen Unterordnung. Denn die Grundlage dieser Unterordnung war wiederum das Bewusstsein der Bedrohung, nämlich dass die palästinensischen Araber die Existenz Israels bedrohen könnten, wenn sie nicht kontrolliert würden. Wie in Sri Lanka besteht die Gefahr, dass religiös oder ethnisch Andersdenkende, die die Unterordnung nicht akzeptieren, als Terroristen oder gar Dämonen abgestempelt werden.“ (Harris 2022, 11, Übers. MR)

Innen- und Außen-Wahrnehmung des Judentums

In der Selbstwahrnehmung des Judentums zeigen Stellungnahmen wie die „Hinweise“ der katholischen Kirche vermutlich wenig Wirkung. Die Debatte um den Umgang mit Israel in der Frage der Palästinenser rückt immer wieder und je nach politischer Tagesdebatte zentral in den Mittelpunkt internationaler Aufmerksamkeit. Gerade die Existenz der Siedler*innen, die den religiösen Anspruch auf das Land einschließlich der besetzen und autonomen Gebiete Gaza und Westjordanland unterstreichen, wird auch von anderen religiösen Menschen als artikulierter religiöser Anspruch gelesen.

Die Zunahme des Antisemitismus lässt zudem bei vielen, insbesondere bei Menschen anderer Religionen, die dem Judentum wohlgesonnen sind, Besorgnis aufkommen.

Die problematische Dialektik der Landfrage lässt sich auch innerhalb des Judentums nicht einfach lösen – die innerjüdischen Debatten zeigen dies.[74]

Die Frage nach dem Land und Zukunft des Judentums

Eine Antwort auf die Zukunft des Judentums in religiöser Perspektive (und es gibt andere!) ist ohne die Landfrage nicht zu finden. Da eine Zweistaatenlösung für ultraorthodoxe und auch andere Stimmen nicht akzeptabel zu sein scheint, lässt sich die Zukunft der Religion daran bestimmen, wie sich religiöse Gruppen, die sich zunehmend von anderen religiösen Perspektiven innerhalb des Judentums isolieren und eine Bastions-Spiritualität pflegen, politisch positionieren können.

Spiritualitäten: Navigationsleistungen

Spirituelle Identität ist das Produkt eines Prozesses: Unterschiedliche Erfahrungen werden in einem persönlichen Sinnsystem verbunden, einer Lebens-Weg-Navigation.[75] Eine Funktion der spirituellen Identität ist die Verortung von Erfahrungen in diesem Sinnsystem. Religiöse Organisationen verstehen sich als Anbieter eines solchen Systems. Die Veränderungen der Rolle der Religionen in den Systemen der Lebens-Weg-Navigation wirken sich daher auf die zukünftigen Formen von Religion aus. Der Ort der Religionen innerhalb der Lebens-Weg-Navigation ist die von ihnen produzierte Projektionsfläche und kann als Sinnkarte bezeichnet werden.

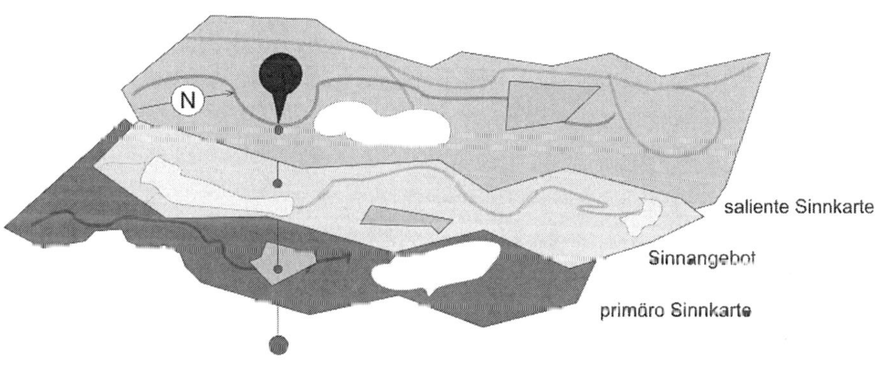

Abb.: Theoriemodell – Spirituelle Identität als Lebens-Weg-Navigation

Erfahrungen ermöglichen dem Subjekt eine bildhafte Vorstellung vom Sinn des Lebens als Lebensweg. Sinnkarten bilden die Wirklichkeit des Lebens nicht einfach eins zu eins ab, sondern erhalten ihre spezifische Qualität durch Vereinfachung auf Wesentliches. Mögliche Lebensereignisse werden in ihrer symbolisch-spirituellen Funktion (Geburt, Tod, Krisen, Entscheidungssituationen) verortet. Diese „Sinnorte" verbinden sich über die Erzählung und setzen sie in Bezug zum Lebenssinn. Jeder Mensch lernt über Sprache und Kultur traditionelle und vielfach auch religiöse Sinnkarten kennen: Religiöse Texte und Riten überliefern und erläutern sie und ermöglichen eine Verortung in ihnen.

Die dem Subjekt zur Verfügung stehenden Interpretationsmodelle der Wirklichkeit können als Schichten oder Folien alternierender Sinnkarten gedacht werden. Widersprüchliches oder Ergänzendes kann so unterschiedlichen Ebenen zugeordnet und auch – falls notwendig oder sinnvoll – „stehen gelassen" werden und ist rollen- und kontextabhängig (vgl. hierzu Burke & Stets 2009).

Das Theoriemodell würde hier nahelegen, dass spirituelle Identität danach strebt, konkrete und ultimative Sinndeutung zu synchronisieren, was durch die empirische Analyse bestätigt werden konnte. Bietet eine Sinnkarte, die vor allem eine konkrete religiöse Tradition abbildet, für bestimmte Lebensbereiche oder Erfahrungen keine oder als mangelhaft empfundene Orientierung, werden für diesen Fall alternative Angebote gesucht. So können für bestimmte ‚Lebensgebiete' alternative Sinnkarten eine höhere Salienz[76] erzielen als in anderen Lebensbereichen.

Gelungene Spiritualität benötigt eine hohe Kompetenz in der Bewertung und im Umgang mit den verschiedenen Sinnkarten. Dies ist gegeben, wenn sich die saliente Sinnkarte vom Individuum derart auf die Erfahrungen der Wirklichkeit beziehen lässt, dass eine der Sinnkarte entsprechende zielführende Navigation möglich ist. Die Analyse legt nahe, dass zunächst in den umgebenden Kontexten alternative Sinnkarten gesucht werden, für die die momentan saliente Sinnkarte keine zufriedenstellende Orientierung bietet. Dabei werden kontextbedingt unterschiedliche Sinnkarten verwendet oder sogar aufgrund der hohen Orientierung neue Sinnkarten komplett übernommen. Neue Erzählungen des Subjekts „korrigieren" den „Fehler" der bisherigen Sinnkarte.

Diese im religiösen Kontext oft als Konversion bezeichnete Identitätsarbeit führt das Selbst aus der Identitätskrise durch eine starke Identifikation mit einer sich als komplett anbietenden Sinnkarte. Den Betroffenen fällt dann für eine Phase, die bis zu zehn oder fünfzehn Jahre dauern kann, die Teilnahme an Ritualen der Herkunftsreligion, wie Beerdigungen etc., schwerer (vgl. hierzu Rötting 2007). Die Inhalte dieser Rituale müssen nun mit den bisherigen Erfahrungen des eigenen Lebens in einer Art Neukonfiguration zu einer neuen Lebensgeschichte verbunden werden.

Orthodoxe Sinnkarten, deren Faszination und postulierte Allgemeingültigkeit in der ‚ewig wahren Rechtleitung'[77] und Wegbeschreibung liegt, welche häufig aufgrund ‚göttlicher Herkunft' den zeitlichen Prozessen gegenübergestellt wird, bergen eine hermeneutische Herausforderung: Damit diese ‚ewig wahren Geschichten' zu funktionierenden Sinnkarten mit Bezug zur gelebten Erfahrung werden können, brauchen sie Interpretation. Dies führt zur Geburt von Theologien und hermeneutischen Traditionen heiliger Texte. Religiöse Organisationen sehen ihre Aufgabe vor allem auch darin, die „Rechtmäßigkeit" der Texte und Riten sowie ihre Interpretation sicherzustellen. Den großen Veränderungen in der Rolle solcher Traditionen hat Lyotard mit dem Hinweis auf das ‚Ende der großen Erzählungen' einen prägnanten Ausdruck verliehen (Lyotard, Engelmann & Pfersmann 2015).

Eine Divergenz zwischen der (erfahrenen) Wirklichkeit, der eigenen Position auf der Sinnkarte und der angebotenen Deutung, führt zu Orientierungslosigkeit. Das Theoriemodell legt nahe, dass eine funktionierende und damit kohärente spirituelle Identität zu einem glücklichen Leben führt.[78]

Interreligiöser Dialog ermöglicht durch die Vernetzung von Anknüpfungspunkten (Rötting 2007) ein interreligiöses Lernen, bei dem Referenzpunkte unterschiedlicher Sinnkarten aufeinander bezogen werden. So kann die spirituelle Identität einer Person ermöglichen, alternative Sinnkarten zu lesen, zu verstehen und gegebenenfalls zu akzeptieren.

Religiösen Traditionen und Organisationen obliegt die Aufgabe, den Erfahrungsschatz ihrer Tradition als funktionierende Sinnkarte aufzubereiten. Damit ist nicht das Tradieren von starren Lehren oder Riten gemeint, sondern das Weitergeben der ihnen zugrunde liegenden Lebenserfahrungen. In einer pluralen Welt führt die Verabsolutierung einer Sinnkarte zu

Radikalität und damit letztlich zu Gewalt, weil der Einfluss alterierender Sinnkarten begrenzt werden muss. Der sinnvolle Umgang mit divergierenden Sinnkarten und die Verknüpfung mit der durch die eigene religiöse Tradition angebotenen ist eine für religiöse Organisationen bleibende Herausforderung.

Feldforschungen in München, Vilnius, Seoul und New York führten dabei zu folgendem Ergebnis: Die für die qualitative Studie ausgewählten Metropolen bieten bei großen kulturellen und historischen Unterschieden auch eine gewisse Vergleichbarkeit, da sie alle entwickelte Metropolen sind, in denen das Christentum eine im Kontext anderer Religionen sich verändernde Rolle spielt. Die gesellschaftlichen und religiösen Prozesse der Modernisierung und der Säkularisierung verlaufen allerdings in unterschiedlichen Formen und Geschwindigkeiten.

Die Untersuchung in den höchst unterschiedlich geprägten Metropolen Vilnius, New York, Seoul und München zeigt, dass sich neben transkulturellen Gemeinsamkeiten auch lokale Spezifika herausbilden, die über Religionsgrenzen hinweg „typisch" für eine Metropole sind. Allerdings gilt Gleiches auch für Sinnkarten, die von ähnlichen spirituellen Traditionen geprägt sind. Hier gibt es über die Lokalitäten hinweg gemeinsame Identitätsmarker. Große und einschneidende historische Ereignisse wie die Anschläge in New York am 11. September 2001, die Phase des Sozialismus während der Sowjetunion in Vilnius, die Auswirkungen des Koreakrieges in Seoul und die Reaktionen zum Traditionalismus und auf den Holocaust in München prägen die primären Sinnkarten in einem so großen Maß, dass sich die Spiegelung dieser Prägung in so gut wie allen salienten Sinnkarten des Ortes wiederfindet. Dies führt zu einer soziokulturellen Verortung von Erfahrung. Sie drücken sich z.B. im Gefühl der Volkstraurigkeit des koreanischen Han[79]– einem für Korea typischen Gefühl von Melancholie und Traurigkeit –, im Verantwortungssinn der Deutschen im Blick auf den Nationalsozialismus oder in der gefühlten Krise nach dem Systemende in Vilnius[80] aus.[81]

Spirituelle Anamorphose und kulturübergreifende Struktur: „Spirituelle Identität" benennt einen Prozess (dessen Produkt sie ist), der mit einer Entscheidung oder Krise (Beginn der Navigation) beginnt und mit dem Erkennen eines salienten Musters abschließt, das in einer Figur gefasst werden kann. Dies kann als spirituelle Anamorphose bezeichnet werden.

Der Begriff kommt aus der Kunst und bedeutet ‚Umformung', von griech. *morphe*, „Gestalt, Form".[82] Neben Bildern können auch Wandgemälde oder gemalte Kuppeln in Kirchen Anamorphosen sein. Bezeichnend ist, dass sie vom/von der Betrachter*in einen bestimmten Standpunkt und eine Perspektive einfordern, von der aus sie sich erst voll erschließen.

Die Narrationen der Feldforschung zur spirituellen Identität zeigen in ausgewählter Darstellung eine perspektivische, verzerrte oder umgeformte Sicht (Erzählbild) der Wirklichkeit mit dem Ziel, in der Geschichte des eigenen Lebens ein salientes Muster aufzeigen zu können. Spirituelle Anamorphose schließt also die aufgewendete Identitätsarbeit ab, mit der die Perspektive eingenommen wird, aus der Lebensweg und -sinn als ganze Gestalt wahrgenommen werden kann. Diese Perspektive ergibt sich, wenn erlebte Wirklichkeit und durch Erfahrung und Narration verifizierte Sinnkarte in einer die Fragen des Lebens umfassenden Weise gelesen werden können. Eine solche spirituelle Identität verfügt über saliente Muster, die als anamorphe Figuren Symbole der Lebensdeutung sind. Religionen und religiöse Organisationen bieten in ihren Sinnkarten solche Figuren an (Kreuz, Himmel, Dreifaltigkeit, Erleuchtung, Karma, Prophet, Gericht, Ewigkeit), die aber im oben beschriebenen Prozess angeeignet und gegebenenfalls alteriert werden müssen. In Narrationen spiritueller Identität sind es oft bestimmte Erlebnisse mit einer Perspektive auf die eigenen Erfahrungen, die durch die Hilfe eines Meisters, einer Lehre oder einer spirituellen Praxis eingenommen werden kann.[83]

In der Psychologie wird die mittlere Lebensphase häufig als die Phase identifiziert, in der eine Art Bilanz gezogen wird und die einzelnen Facetten der Lebensgeschichte zu einem Ganzen gebracht werden.[84] Diese Bilanz in der mittleren Lebensphase, so spiegeln es viele Interviews dieser Studie wider, geht der spirituellen Anamorphose voraus. In den Narrativen erzählen 65 der 80 Interviewten von der wichtigen Erfahrung mit Freunden und Angehörigen und den Gesprächen mit ihnen bzw. deren Bedeutung für die eigene Narration der Spiritualität.

Anamorphose als Ziel spiritueller Narrative deutet in pluralen Kontexten auf einen besonderen Aneignungsaufwand des Individuums hin. Die bisher von den religiösen Organisationen bereitgestellten und vom Individuum übernommenen Sinnkarten sind keine umfassenden Plausibilitätsstrukturen mehr (Berger 2015a). Da Menschen den sich so ergebenden Aneignungsaufwand zu bewältigen haben, wurde spirituelle Identität einerseits zu einer notwendigen und aufwendigen Identitätsarbeit (und ist „in", weil sie ein Problem vieler ist), andererseits ist sie aber auch vielfach anschlussfähig und flexibel.

Es gibt sowohl zum Synkretismus als auch zur Spiritualität religionswissenschaftliche Forschung, die neben kleinen Gruppen- und Individualbefragungen auch die Populärkultur mit einbezieht. Wenn spirituelle Identität als Lebens-Weg-Navigation verstanden werden kann, dann zeigen die empirischen Analysen dieser Studie, dass Spiritualität zwar, wie Knoblauch (2009) beschreibt, populäre Züge angenommen hat, aber spirituelle Identität als Lebens-Weg-Navigation in so einem Maße in biografische Strukturen eingreift, dass sie über „Popularität" hinausgeht. Die Breitenwirkung der durch Spiritualität angesprochenen Themen lässt aber auf deren hohe gegenwärtige Bedeutung für das Individuum und die Gesellschaft schließen.

Navigationsleistung des Individuums als Herausforderung für die Religionen der Zukunft

Durch die Pluralisierung stehen dem Menschen heute verschiedene Alternativen zur Lebens-Weg-Navigation zur Verfügung. Die Religion der primären Sinnkarte steht zumindest theoretisch in Konkurrenz zu anderen Angeboten. Zwar erschweren die kulturellen Prägungen nicht selten eine Konversion, aber die push- und pull-Faktoren haben sich nicht zuletzt durch die andauernde Kritik an den großen religiösen Systeme verändert, und es ist zu Wanderbewegungen innerhalb der Konfessionen gekommen wie auch zu loseren Verbindungen zu religiösen Organisationen.

Die Religionen nehmen durch diese Veränderung eine andere Rolle im Leben vieler Menschen ein. Sie sind nicht mehr der Referenzpunkt für ethische Richtlinien und Lebenswegentscheidungen, sondern eine mögliche Option unter vielen.

Konsequenzen für religiöse Bindungsstrukturen

Eine Konsequenz für die Bindungsstruktur ist die geringer werdende Zugehörigkeit zu einer Religion. Je nach Tradition – so ist die Kirchenbindung bei Katholik*innen enger als bei Protestant*innen – kann es zu einem offiziellen Verbleib in einer Religion kommen, bei gleichzeitiger innerer Ablösung. Dies führt unter anderem zu verzerrten Statistiken und spielt den Religionen eine Mitgliederzahl vor, die höher ist, als die empfundene Zugehörigkeit. Die im Volksmund als „Karteileichen" bezeichneten innerlich abgewanderten Mitglieder lassen die Religionen in der eigenen und mitunter auch in der politischen Wahrnehmung bedeutsamer erscheinen.

Mit der schwindenden gefühlten Zugehörigkeit sinkt auch die rituelle Praxis und damit deren Ein- und Ausübung. Der Besuch von Gottesdiensten und Empfang von Sakramenten, aber auch die Teilnahme an Freitagsgebeten, Synagogengottesdiensten und anderen religiösen Ritualen wird von den Mitgliedern einer Religionsgemeinschaft immer weniger wahrgenommen. Manchmal ist der äußere Mitvollzug noch möglich, aber eine innere rituelle Verortung findet nicht mehr statt.

Die Einbettung im Jahreskreis durch Feste und Rituale, die eine Gemeinschaft regelmäßig feiert, zerfällt somit für viele Menschen. Allerdings gibt es durch die Globalisierung auch Feste, die sich über eine Religion hinaus ausweiten und damit auch für andere zu einem kulturprägenden Element werden können, allerdings ohne die religiöse oder spirituelle Bedeutung mitzutransportieren.

Besonders einschneidend ist die Änderung im Umgang mit Krisen, die die Suche nach alternativen Sinnkarten oft auslösen. Die Angebote der Religionen sind in ihrer traditionellen Form sprachlich verkrustete Formulierungen oder Vorstellungen. Ein in den Interviews mit Katholik*innen häufig wiederkehrendes Problem ist die theologische Formulierung der Erbsünde und der Umgang mit Schuld und Versagen. Ein von der Kirche angebotenes Ritual ist die Beichte. Die konkrete Erfahrung vieler, verknüpft mit Erzählungen aus der Kindheit, zeigt, dass das Ritual nicht oder nicht mehr als heilsam erfahren wird. Spannend ist hier, dass dies in anderen kulturellen Kontexten völlig anders bewertet wird.[85] Heilungsrituale anderer spiritueller Traditionen oder Religionen kommen dann in den Blick. Das in der katholischen Kirche als Sakrament gesehene Ritual verändert sich dadurch in der Sinnkarte und Lebens-Weg-Navigation der Betroffenen. Die Navigationsleistung des Einzelnen ist im Kontext pluraler Gesellschaften eine notwenige Kompetenz, die allerdings eine Lösung von der Religion mitbewirken kann, weshalb Vertreter*innen der Kirche, um beim Beispiel zu bleiben, hier oft negativ über die Abwägung von Alternativen urteilen und so indirekt mit zur Auflösung von Bindungsstrukturen beitragen.

Radikal ändert sich die Rolle der Religionen im Sterbeprozess und im Kontext von Bestattungen. Dies hat zwei Gründe: einen formalen und einen inhaltlichen. Formal können die Religionen niemanden bestatten, der nicht zur Religion gehört. Viele Menschen sind im Laufe des Lebens aus den Großkirchen ausgetreten, ohne ihrer nächsten Umgebung davon im Detail zu erzählen. Im Falle des Todes erwarten die Angehörigen nun vielleicht eine traditionelle christliche Bestattung. Diese wird nun durch den Austritt des Verstorbenen verunmöglicht und daher wird der Wunsch nach einer solchen den Angehörigen verweigert. Die Religionen werden von den Familien, besonders bei einem tragischen frühen Tod durch Unfall oder Krankheit, nun nicht als Unterstützung in der Krise erfahren und es tritt eine weitere Entfremdung ein. Inhaltlich führen die Beschäftigungen von Personen mit christlichem Hintergrund mit asiatischen Vorstellungen zu einer porösen Vorstellung des Todes und den Geschehnissen oder Phasen nach dem Tod.[86] Für die Religionen bedeutet dies, dass die Begleitprozesse nicht mehr als sinnstiftend verstanden werden und dadurch oft nicht von den Seelsorger*innen angefordert werden. Erschwerend kommt hinzu, dass es in den Fällen, in denen dieses Sakrament gewünscht wird, durch den Priestermangel zu Engpässen im Personal kommen kann. Die oder der begleitende Seelsorger*in hat zudem die nicht zu unterschätzende Aufgabe zwischen den Vorstellungswelten und Sinnkarten der Betroffenen und der eigenen Institution zu vermitteln. Übergangsrituale verändern sich durch die Navigation der Individuen in vielen Religionen. Rituale wie Taufe, Beschneidung, Kommunion, Firmung oder Konfession, Bar/Bat Mitzwa, Hochzeit und Bestattung sind besonders durch die kulturelle Verwurzelung in einer Religion gefestigt, werden aber gerade durch die spirituelle Navigationsleistung in ihrer Bedeutung als Verortung verändert und deshalb oft auch als ausgehöhlt oder aus der Zeit gefallen verstanden.

Die Erfahrungen der persönlichen spirituellen Navigation können in der Erfahrung vieler oft nicht im Raum der Religionen ausgetauscht werden, da dies von den religiösen Expert*innen, den Priestern, Imamen, Rabbiner*innen und Meister*innen etc. als „Bastelreligiosität“ oder als „Spiritualität Marke Eigenbau“ verurteilt und abgetan wird. Der in der pluralen Gesellschaft notwendige Prozess der Navigation wird daher aus den gesellschaftlichen wie dann auch physischen Räumen der Religionen verdrängt. Eine gesellschaftliche Konsequenz ist, dass Religion zunehmend nicht mehr als Ort für eine spirituelle Entwicklung angesehen wird. Spirituelle Influencer*innen wie charismatische Autor*innen oder Persönlichkeiten des öffentlichen Lebens sind hier eine Ausnahme, da sie oft zu einer Tradition gehören und sie verkörpern. Gleichzeitig stehen sie – wie etwa David Steindl-Rast, der Dalai Lama, Mutter Teresa, Thich Nhat Hanh, Amma, Mahatma Ghandi oder Martin Luther King – für eine Religion, aber ihre Bedeutung als Impulsgeber*innen für die Lebenswegnavigation reicht weit darüber hinaus.

Herausforderung für verbundene Spiritualitäten

Die Navigationsleistungen und die mit diesen verbundenen Spiritualitäten werden in Regionen mit starker religiöser Prägung beeinflusst. Die Hierarchie der Bewertung und Ermöglichung konkreter alternativer Sinnkarten wird nicht nur von den Individuen selbst in Bezug auf die eigene Navigation erstellt, sondern auch die Religionen nehmen darauf Einfluss. Dies soll an dem Beispiel der Bewertung von Yoga-Traditionen durch die katholische Kirche exemplarisch aufgezeigt werden.

Im süddeutschen Raum war eine Tagung zu christlichem Yoga geplant. Vor Beginn der Tagung mahnte die katholische Kirche (eine Diözese) Bedenken an, da einer der Referierenden eine pluralistische Position vertrete, was in einer von der Kirche mitfinanzierten und mitgetragenen Tagung nicht akzeptabel sei.

Im Nachklang zu dieser Debatte veranlassten nun einige Diözese Handreichungen[87] zur Frage, ob in kirchlichen Räumen, Yoga angeboten werden dürfe. Von Hinweisen auf die Eigenverantwortung und die Möglichkeit christlicher Lesarten im Dialog der Religionen von Inhalten des Yoga bis hin zur Ablehnung von Inhalten und Beschränkung auf rein körperliche Übungen reichten die Vorschläge. In einer dieser Handreichungen[88] wurde verfügt, Yoga sei in kirchlichen Räumen dann gestattet, wenn es rein sportlich betrieben würde und keine hinduistischen oder buddhistischen Inhalte vermittelt würden. Betroffene Gruppen und Personen, die sich auch und vielleicht gerade wegen des eigenen Navigationsprozesses für die religiöse und spirituelle Dimension des Yoga interessieren, wandern ab. Ihr interreligiöses spirituelles Navigationsengagement, welches vorher durch die Abhaltung in kirchlichen Räumen gewissermaßen von der Herkunftsreligion „abgesegnet“ war, wird so auch als externer Prozess durch diese kommentiert. Eine innere Distanzierung ist die mögliche Folge.

Allerdings ist anzumerken, dass viele Diözesen Yoga in ihren Pfarreien und Bildungshäusern anbieten und den Dialog mit den dahinterstehenden religiösen und spirituellen Ausrichtungen aktiv suchen.

Einfluss auf interreligiöse Verflechtungen

Interreligiöse Prozesse zeigen zwei Tendenzen: In Ausnahmesituationen erlauben sich Religionen gemeinsame Rituale wie interreligiöse Friedensgebete in großer Selbstverständlichkeit. Im Kontext regelmäßiger Abläufe, wie etwa Schulfeiern, wurden nach ermutigenden Stimmen in den letzten Jahren eher vorsichtige bis abratende Statements herausgebracht.[89]

Die Konsequenz für die spirituelle Lebensnavigation Einzelner ist desweilen der Eindruck, dass diese nur im Krisenfall von der eigenen Religion geduldet wird, denn da kooperiert sie selbst mit anderen, aber im Normalfall eher zur Vorsicht geraten wird. Der Suchprozess der Lebenswegnavigation ist also Teil einer Ausnahmesituation, aber keine von der eigenen Religion akzeptierte oder „normale“ Ausübung von Religion.

Innen- und Aussen-Wahrnehmung von Religion

An dieser Stelle taucht die Frage auf, was eine Innen- und Außenwahrnehmung von Religion ist, da die oben beschriebene offizielle restriktive Haltung und Abqualifizierung von Navigationsprozessen mit Sinnkarten anderer Religionen und Spiritualitäten als „Bastelreligiosität“ auch das seelsorgliche Personal betrifft. Nicht nur herausragende interreligöse Pioniere wie Pater Hugo Enomiya Lassalle, dessen erstes Buch über christliches Zen noch auf den Index[90] der katholischen Kirche gesetzt wurde, kennen diese Abwertung, sondern auch gegenwärtig diejenigen, die sich in mehreren Suchbewegungen als Christ*innen finden ebenso wie Angehörige anderer Religionen.

Die Innenwahrnehmung führt also hier zu einer inneren Distanzierung von der eigenen Religion bzw. deren Organisation.

Diese innere Distanzierung wird von außen nicht unbedingt gesehen, die Außenwahrnehmung impliziert daher nicht selten, dass die Mitglieder einer Religion deren offizielle Abweisung von Navigationsprozessen in interreligiösen Kontexten positiv gegenüberstehen. Dies wiederum fördert das negative Image einer Religion, was zu einer weiteren Abgrenzung führt.

Konsequenzen für die zukünftige Form von Religion

Hier zeigt sich ein Widerspruch: In der gesamtgesellschaftlichen Wahrnehmung werden interreligiöse Feiern und Offenheit im Umgang mit anderen Religionen und Spiritualitäten als friedensstiftender und integrativer Beitrag der Religionen begrüßt und sogar gefordert. In ihrer Innenkommunikation hingegen werden Prozesse von Menschen, die sich mit der Pluralität spiritueller Angebote inner- und außerhalb der Religion ernsthaft auseinandersetzen, oft kritisch gesehen und zuweilen durch Verlautbarungen zu begrenzen versucht.

Die gesamtgesellschaftliche Perspektive toleriert die Restriktionen der Religionen im Sinne einer Nichtmöglichkeit der Änderung. Dies gilt solange die soziokulturellen Strukturen den Religionsorganisationen das durch Tradition oder Verhandlung ermöglichte gestattet. Religiöse Feiertage, Verbote, Erlasse und Vorschriften, soweit sie die Gesamtgesellschaft betreffen, sind also Ergebnisse von Aushandlungsprozessen, die sich bei veränderter Situation ändern können.

Stark hybride und multiple Identitäten und die Religionen

Während im vorigen Teil versucht wurde, die Konsequenzen der Lebens-Weg-Navigation von Menschen, die sich einer Religion zuordnen, zu analysieren, wendet sich der folgende Abschnitt einer kleineren Gruppe zu, die für sich eine stark hybride oder multiple Spiritualität und damit oft auch multiple Religiosität beansprucht.

Unter stark hybrider Identitat wird verstanden, dass Menschen sich bewusst keiner Religion zuordnen, aber in ihrer spirituellen Navigation durchaus auf religiöse spirituelle Angebote Bezug nehmen.

Multiple religiöse Identitäten ordnen sich bewusst mehreren Religionen zu und nehmen für sich in Anspruch, dass sie Angehörige dieser Religionen sind.

Beide Extreme fordern die traditionellen Identitätskonzepte und Vorstellungen von Zugehörigkeit der Religionen heraus und haben daher einen Einfluss auf religiöse Formen der Zukunft.

Herausforderung durch stark hybride und multiple Identität

Stark hybride Identität verweigert eine Zuordnung zu einer konkreten Religion. Der Suchprozess in der Lebensnavigation nimmt dabei aber durchaus auf Spiritualitäten, die durch Religionen geprägt sind oder sogar für diese stehen, Bezug. Befragte[91] geben an, eine Zuordnung würde ihnen den Eindruck vermitteln, spirituell angekommen zu sein, sie seien aber selbst stark im Prozess, auf der Suche, und daher würde das Offenhalten der Identität die eigene Praxis positiv beeinflussen.[92] Sie würden religiöse Traditionen wertschätzen, aber würden von diesen selten in ihrer Radikalität der Suche wertgeschätzt und verstanden. In der Kommunikation übereinander entzweien sich in der Folge oft Religion und Spiritualität und es entsteht ein Gegenüber, eine Konkurrenz. Treffend ausgedrückt: SBNR, „Spiritual but not Religious". Multiple religiöse Identitäten scheinen den umgekehrten Weg zu gehen – sie reklamieren Zugehörigkeit zu mehreren Religionen. Es gibt zwei unterschiedliche Formen:

> Die einen bilden sich aus der Herkunft einer multireligiösen Familie. Beispielsweise kann die Mutter Thailänderin und buddhistisch, der Vater Deutscher und christlich sein. Ein Kind dieser Beziehung kann mit zwei Religionen aufwachsen und in beiden leben, da beide als sinnvoll, tragend und heimatgebend empfunden werden. Diese Form könnte als biographische multiple Religiosität bezeichnet werden.

Die andere Form stammt aus einer religiösen Identität, die sich in einem interreligiösen Prozess so intensiv mit einer anderen Religion auseinandersetzt, dass diese Religion schließlich zusätzlich als eigene angenommen wird.

Eine bekannte Persönlichkeit für den zweiten Fall ist der amerikanische Theologe Paul Knitter. Sein Buch „Ohne Buddha könnte ich kein Christ sein" (Knitter 2009) wurde aus dem Amerikanischen in viele Sprachen übersetzt. Die Tatsache, dass ich es im Tempelbuchladen des Chogyesa-Tempels in Seoul auf dem Büchertisch entdeckt habe, belegt die Breitenwirkung des Bandes. Knitters multiple Zugehörigkeit könnte als entschiedene Multireligiösität bezeichnet werden.

Rose Drew untersuchte Fälle des „multiple belonging" in ihrer Dissertation (Drew 2011) und unterstreicht, dass alle von ihr Interviewten angaben, die multiple Zugehörigkeit nicht gesucht, sondern vielmehr vorgefunden zu haben.

Religionen erkennen beide Formen normalerweise nicht offiziell an. Die Herausforderung ist es, hier einen Weg zu finden, den Gewinn in der Navigationsleistung anerkennen zu können und die multiple Zugehörigkeit nicht per se abzuwerten. Die Existenz von Menschen, die einen exklusiven Wahrheitsanspruch ablehnen und gleichzeitig ihre Zugehörigkeit und religiöse Identität wertschätzen, da sie ansonsten nicht in mindestens zwei Fällen Formen von komplizierter Zugehörigkeit aufrechterhalten würden, zeigt, dass sie aus eben dieser Spannung einen Mehrgewinn erzielen.

Konsequenzen für religiöse Bindungsstrukturen

Religionen drücken Bindungsstrukturen durch rituelle Partizipation aus, die sich in vielen Fällen gegenseitig ausschließt. Jemand, der christlich getauft werden möchte, muss das Glaubensbekenntnis bejahen (oder im Falle einer Kindstaufe stellvertretend die Eltern), was bedeutet, dass man nicht gleichzeitig das muslimische Bekenntnis bejahen oder Zuflucht zu Buddha, Dhamma und Sangha suchen kann. Dennoch gibt es zunehmend Menschen, die dies anstreben und umsetzen möchten, teilweise mit eigenen Ritualen des „multiple belongings". Wie gehen religiöse Institutionen mit diesen Herausforderungen um?

Herausforderung für verbundene Spiritualitäten

Wenn Spiritualitäten weitere Spiritualitäten ausbilden, etwa weil sich von einem/einer Meister*in mehrere Gruppen spalten, wie etwa im Internationalen Sufismus (Inayat Kahn) geschehen[93], so besteht die Möglichkeit, dass sich die Gruppen vereinzeln und kleiner werden oder, dass Haupt- und Nebenschulen entstehen, die einander zur Konkurrenz werden. Für die Mitglieder selbst sind sie je nach persönlicher Disposition auch Optionen.

Menschen mit hybrider oder multipler spiritueller Ausrichtung können sich, je nach Situation, in einer Religionsgemeinschaft vor Ort als „multiple belongers" Zuhause fühlen oder sich von dieser entfremden. Die Identitätspluraliät ist nicht selten das Ergebnis eines langen und intensiven Suchprozesses.

Innen- und Aussen-Wahrnehmung multipler Identität durch Organisation und interreligiöse Verflechtungen

Multiple Identitäten widersprechen der Logik von Zuordnung einiger Religionen, die prinzipiell davon ausgehen, dass die Mitgliedschaft bei ihnen eine andere zweite oder dritte Mitgliedschaft ausschließt.[94] Allerdings gibt es auch viele Religionen oder Formen von Spiritualität, wie etwa der Schamanismus in Korea, die parallel zu einer anderen Zugehörigkeit, wie etwa zum Buddhismus, existieren und darin auch keinen Konflikt sehen. Es bestehen sozusagen unterschiedliche Zuständigkeiten. Die Theorie religiöser Fraktale von Perry Schmidt-Leukel bietet sich hier an: Diese Formen von Religion können als alternative Fraktale gesehen werden, die komplementär zu den Religionen in einer Gesellschaft zur Verfügung stehen.

Existieren viele solcher Formen oder viele Spiritualitäten, die sich frei zu anderen Religionen verhalten und an vielen „Stellen" andocken können, dann öffnen sich vorhandene Grenzstrukturen und es entstehen neue Identitätsnarrative, in denen auch die Zugehörigkeit zu verschiedenen Religionen als möglicher positiver Impuls gelesen werden kann.

Die großen Religionen lehnen solche Öffnungen meistens ab, da sie darin eine Identitätsgefährung sehen. Die Konsequenz ist oft, dass Menschen mit doppelten Zugehörigkeiten nur in einigen Communities ein religiöses Zuhause finden können, anderorts aber als Häretiker*innen gesehen werden.

Mit einem zunehmend höheren Anteil von Freestyle-Spiritualität erhalten multiple Identitäten eine Art natürliche Akzeptanz. Als Mitglieder einer Religionsgemeinschaft leben sie zwar ihre Zugehörigkeit bis zu einem gewissen Maß aus, ermöglichen sich selbst aber auch andere Assoziationen und Zugehörigkeiten, wenn auch teilweise punktuell und auf bestimmte Aspekte bezogen, wie etwa bei Yoga mit Blick auf die Körperlichkeit der Spiritualität oder buddhistischer Meditation als Entspannung. Dies führt nach einer „Porösierung" der Identitätsgrenzen zu einer neuen Struktur der religiösen Gruppe. Auch in den Verbindungen der Religionen zueinander gibt es unterschiedliche Formen von Freestyle-Spiritualität, die zur Religiosität dazugehören, und als normal betrachtet werden.

Diejenigen, die einer Bastions-Spiritualität oder Unison-Form von Spiritualität innerhalb der Religion zusprechen, werden zur Minderheit, was zu weiterem Neokonservatismus führen kann.

In einer nächsten Phase kann es, etwa mit Blick auf kontroverse Themen der Sexualität, Familienstrukturen, Rollenzuweisungen oder Machtstrukturen, zu so unterschiedlichen Positionierungen kommen, dass die Religionsgemeinschaft sich spaltet.

Religiöse Strukturen: Weder Fels noch Sand

Die bisherigen Ausführungen zeigen, dass religiöse Strukturen sich unter unterschiedlichen Herausforderungen verändern. Bei aller Unterschiedlichkeit gibt es aber auch eine Gemeinsamkeit: Sie sind in vielen Religionen und Spiritualitäten weder Fels noch Sand. Damit soll ins Bild gebracht werden, dass die Identitäten und Zugehörigkeiten, auch etwa in Bastions-Spiritualitäts-Formen und neokonservativen Gruppen, nicht unverrückbar sind, sondern es auch durch das Wissen um und die Verbindung zu „den Anderen" zu Ausbrüchen und Veränderungen kommen kann.

Aber auch Freestyle-Formen und SBNR-Identitäten sind nicht völlig beliebig in ihren Zuordnungen, sondern verdanken ihre Struktur einem konkreten Prozess der Lebens-Weg-Navigation, der einige Optionen für die Zukunft wahrscheinlicher macht als andere. Gleichzeitig sind alle gegenwärtigen Formen von Spiritualität pfadabhängig, sie beziehen sich auf Religion. Als solche sind sie dann in einigen Fällen auch gleichzeitig Teil von Religion, d.h., dass das, was unter Religion verstanden wird, fluide Anteile neuer Strukturen enthält. So wie beim schmelzenden Gletscher das flüssige Wasser unter dem noch bestehenden Eis den ganzen Gletscher in Bewegung bringen kann, vermögen vielfältige und diverse Formen von Spiritualität, die sich neben einer Bezugsreligion noch auf andere Sinnkarten beziehen, die Bezugsreligion zu verändern. Die Religion ist dann weder Gletscher noch Wasser, weder Fels noch Sand.

Besondere Herausforderung: Religion in der Zerreissprobe

Die sich entwickelnde Struktur spiritueller Gruppen und die entstehenden und entstandenen spirituellen Identitäten wirken sich auf das Bindungsverhalten der Mitglieder organisierter Religion aus, deren Mitglieder gleichzeitig in der Dynamik spiritueller Identitätsprozesse stehen. Als Mitglieder einer Kirche, Moscheegemeinschaft, einer Synagogengemeinde einer Tempel-Community oder anderer religiöser Strukturen, können sie aufgrund der eigenen Prozesserfahrung Reformen oder Traditionalismen unterstützen. Die unterschiedlichen Formen von Spiritualität, Unison-, Bastion-, Freestyle- und SBNR, verdeutlichen die Auswirkungen. Religionen im Sinne von Organisationsstrukturen können auf diese Gegebenheiten und Dynamiken meist nur reagieren.

Religiöse Bindungsstrukturen und Spiritualitätsform

Die Unison-Spiritualität kann durch die starke Dynamik in der Struktur der Religion beunruhigt werden. Die bisher als sicherer Garant empfundene Spiritualitätsform innerhalb der eigenen Religion, wie etwa eine Ordensspiritualität oder eine geistige Bewegung, kann sich in Reaktion auf die Herausforderungen verändern. Diese Veränderungen können auch zur Folge haben, dass wichtige Stützpfeiler spiritueller Orientierung nicht mehr gegeben sind, so etwa wenn eine Nonne in einem Benediktinerinnenorden großen spirituellen Gewinn aus ihrer Aufgabe, z.B. der Arbeit in einer Schule, gewonnen hat, aber aufgrund der Verkleinerung des Ordens dieses Feld aufgegeben werden muss.

Formen der Bastions-Spiritualität versuchen, im Treibsand der sich immer schneller ändernden Gesellschaft ein sicherer Fels zu sein. Religiöse

Organisationen und ihre Verantwortlichen sehen den Erfolg der Bastions-Spiritualität darin, auf diese Weise Menschen in der Organisation zu halten, und fördern daher nicht selten diese Form.

Freestyle-Spiritualität organisiert sich selten in Strukturen, allerdings gibt es nicht wenige Anbieter spiritueller Dienstleistungen wie Meditationskurse, Kurse zur spirituellen Selbstfindung, Heilungsseminare und dergleichen, die auf Menschen mit Freestyle-Spiritualität spezialisiert sind, da diese oft (nicht immer!) keine feste Community suchen, sondern Andockangebote. Religionsorganisationen versuchen, mit eigenen Angeboten diesen Markt zu erobern und Angebote freien Ausprobierens unterschiedlicher Formen zu testen. Benediktinisches Kloster auf Zeit, Tempelstay in Korea, Aschenkreuz To Go, Autosegnungen oder kulturelle Formate, wie die Lange Nacht der Kirchen, sind Beispiele solcher Angebote. Meist sind dies Extra-Offerte, die das traditionelle religiöse Programm der Organisationen nicht verändern, allerdings kann es sein, dass Teile traditioneller Formate mit alternativen pastoralen Versuchen ersetzt werden. Je nach Struktur kann es dann zu internen Debatten kommen.

SBNR (Spiritual but not Religious) sehen sich oft zwischen den Felsen bei Wanderungen im Sand der spirituellen Suchbewegungen. Allerdings kennen und suchen auch sie Gruppen, in denen sie sich verstanden fühlen und die ihnen Halt geben.[95] Religionen tun sich naturgegebenerweise schwer, für dieses oft sehr religionskritische Klientel, das gerade mit den Organisationen ringt, Angebote zu setzen. Durch Engagement im buddhistisch-christlichen Dialog kann dies zum Beispiel dennoch gelingen.

Spiritualitäten reagieren auf Religionen in der Zerreissprobe

Bei Menschen, die ihren Schwerpunkt in Formen alternativer Spiritualität sehen, und die verfassten Religionen oft kritisch gegenüberstehen, findet nicht selten ein exotisches „Othering“ statt. In Asien gilt der Buddhismus oft als veraltete Religion, das Christentum als modern, in Europa und den USA erscheint der Buddhismus in positiverem Licht. Allerdings führen zahlreiche Missbrauchsfälle, wie dargelegt, sowohl bei den religiösen Expert*innen der neuen attraktiven Religionen und Spiritualitätsformen, als auch bei traditionellen Religionen, zu Verunsicherung. Noch die vor zehn bis fünfzehn Jahren sicher geglaubte Orientierungsmuster in den eigenen Sinnkarten lösen sich auf. Es gibt im Gebiet der Religion und Spiritualität nicht mehr „die Guten“ und „die Bösen“, zu viele Stars und charismatische Figuren der spirituellen Szene innerhalb traditioneller Strukturen wie auch außerhalb haben das Image der Makellosigkeit nicht halten können.

Einfluss auf interreligiöse Verflechtungen

Der Zerfall der Struktur religiöser Organisationen hat eine zweifache Wirkung auf interreligiöse Verflechtungen. Einerseits bindet es verbleibendes Personal wie etwa Priester in der katholischen Kirche in hohem Maß für rituelle Aufgaben wie Gottesdienste, wodurch das Zeitbudget für interreligiöse Aktivitäten dann oft kleiner wird, andererseits zwingt die dramatische Situation, in neuen Alternativen zu denken.

Innen- und Aussen-Wahrnehmung auf Religionen: Stresstest

Religiöse Organisationen wirken oft hilflos und gestresst angesichts der massiven Veränderungen. Je deutlicher wird, dass die fluiden Suchbewegungen auch innerhalb der eigenen Kernstrukturen[96] angekommen sind, desto weniger funktionieren bisher verwendete Schutzmechanismen, die spirituelle Alternativen oft zu Häresien erklärten.

Kapitel 4: Optionen

Religionen und die Bubble-Theorie

Religionen und Kulturen mithilfe von Kreisen oder Kugeln zu beschreiben, ist höchst umstritten, und das ist auch gut so. Von Herders Kulturmodell, bis hin zu Huntigtons „Clash of Civilizations“ (Huntington 1996) und den Überlegungen zu Überlappungen (Mall 2013) ist die Vorstellung, von kulturellen Bubbles zu reden, umstritten. Dennoch wird es hier als eines der möglichen Modelle versucht, auch weil Religionen durch Verkrustungsprozesse, wie oben beschrieben, zeitweise selbst solche Bubbles[97] produzieren. Wie Kommunikationsbubbles und Echokammern mit interreligiösen Prozessen und Identitätsbildung zusammenhängen, wird uns weiter unten noch beschäftigen.

Die Nutzung der sozialen Medien und des Internets würde, so der Hintergrund der Echokammer-These, das Medienverhalten in den eigenen Interessenskreisen verstärken und so die Polarisierung der Gesellschaft vorantreiben. Die Untersuchung von Dubois and Blank (2018) zeichnet allerdings ein differenzierteres Bild der Mediennutzung. Als Argumentationshypothese und Metapher soll die Bubble im Weiteren dennoch verwendet werden. Nach Novak et al. (2022) würden junge Menschen über das Internet Bestätigung ihrer religiösen Zugehörigkeit suchen, in kleineren Communities auch über Konfessionsgrenzen hinweg. Interreligiöse Aktivität dieser jungen Menschen konnte im Netz nicht verstärkt festgestellt werden. Gleichzeitig ist festzuhalten, dass diejenigen, die ihre Lebens-Weg-Navigation aus mehreren Traditionen speisen, im Netz inzwischen Gruppen finden, die eben dies teilen. Was bedeutet dies für die Entwicklung von Religion?

Die Zukunft der Religionen kann man nicht kennen. Aber es ist möglich, die bestehenden Optionen mithilfe einer Bubble-Theorie durchzudenken. Gehen wir davon aus, dass die gesellschaftlichen Kräfte unterschiedlich große Blasen von Individuen, Gemeinschaften und Communities sind: Sie können ineinander aufgehen, sich miteinander verbinden, aneinander andocken. Aber innerhalb der Bubbles gibt es einige, deren Kommunikation in der Bubble verbleibt, andere wandern bzw. bewegen sich in mehreren dieser Bubbles, wie z.B. eine Yoga- oder Meditationsgruppe und eine traditionelle Gemeinde einer Religion.

Nehmen wir nun weiter an, eine Religion oder spirituelle Gruppe gewinnt durch eine für viele attraktive Botschaft, eine gute Praxis, einen charismatischen Guru oder durch finanzielle Zugewinne an Attraktivität und die Mitgliederzahlen steigen. Je größer diese Gemeinschaft wird, desto mehr zwingt sie die nun bedrängten kleineren Bubbles, ob säkularer oder religiöser Natur, sich zu entscheiden, ob die groß werdende Bubble akzeptiert oder kritisiert wird. An den Außengrenzen finden also permanent Entscheidungen angrenzender Gruppen oder Individuen statt.

Ab einer gewissen Größe ist nun anzunehmen, dass es auch im Inneren der Bubble zu Diversifizierungen kommt. Eine Möglichkeit ist ein Missverhalten der Führung oder Kritik von außen. Ab einer gewissen Stufe der Kritik werden sich Mitglieder entscheiden, die Bubble zu verlassen, sie wird kleiner.

Nehmen wir an, eine neokonservative Gruppe im Sinne der bereits beschriebenen Bastions-Spiritualität wächst stark an. Aufgrund der Begründungsstrategie argumentiert sie die eigene Wahrheit mit dem Fehlverhalten aller außerhalb der Bubble. Deshalb wird ab dem Moment, ab dem durch andere Gruppen Druck ausgeübt wird, versucht, diesen einzuschränken, es kommt also auch zwischen zwei neokonservativen Gruppen irgendwann zum Konflikt. Eine Möglichkeit ist dann, dass sie gegenseitig die strukturellen und inhaltlichen Probleme der jeweils anderen veröffentlichen und sich indirekt so selbst schädigen.

Bei einem hohen Anteil von Menschen mit einer Grundskepsis gegenüber religiösen Organisationen, welche durch die Missbrauchsfälle und anderes Fehlverhalten keine absoluten Maßstäbe mehr verkörpern, beginnt nun eine Migration aus den Bubbles der neokonservativen Gruppe heraus, wenn es neben den push-Faktoren der internen und externen Kritik an der Gruppe auch pull-Faktoren durch persönliche Beziehungen zu Menschen außerhalb der Gruppe gibt.

Wenn ein hoher Anteil von den mächtigen Religions-Bubbles gegenüber indifferenten Menschen und Gruppen agieren, die eher säkular eingestellt sind, dann fungieren diese wie viele kleine Kugeln im Bällebad, die immer wieder zwischen die großen Bubbles religiöser Gruppen rutschen und so eine Art Puffer der direkten Konfrontation bilden. Diese säkularen oder bestimmten Religionen gegenüber indifferenten Bubbles von Individuen, aber auch gesellschaftlichen Gruppen, können darüber hinaus auch in große Religionsgruppen hinein diffundieren, sei es durch kulturelle Gewohnheit oder weil ihnen dadurch persönliche oder gesellschaftliche Vorteile entstehen.

Möglich ist auch, dass relativ große Religionen ein kooperatives Miteinander sich gegenseitig akzeptierender und auch von der säkularen Gesamtgesellschaft mitgetragenes Netzwerk bilden, welches mit anderen gesellschaftlichen Akeuter*innen eine Art ethische Grundstruktur bilden, die die Gesellschaft braucht (Böckenförde-Diktum). Um dieses stabile interreligiöse Netzwerk zu erreichen, bedarf es kontinuierlicher Boundary-Arbeit durch interreligiösen Dialog (Klinkhammer 2019). Ebenso wichtig sind für die Gesamtbevölkerung lesbare und verstehbare Rituale der Bejahung und Bestätigung eines friedvollen Miteinanders. Vielfach sind diese in bereits etablierten interreligiösen Gebetsfeiern im Jahreslauf und zu Krisensituationen, sowie in interreligiösem Bildungs- und Kulturveranstaltungen realisiert.

Diese Stabilisierungsfunktion der Religionen, die, wie gesagt, kontinuierlich von den Religionen und spirituellen Gruppen erwiesen werden muss, kann allerdings von sich den Ritualen, an denen auch die Gesamtgesellschaft mitpartizipiert, verweigernden Gruppen gefährdet werden. Dies geschieht dann, wenn diesen eine Manipulation des aktiven Narrativs gelingt, das auch die mit ihnen in Kontext stehenden Gruppen betrifft. Islamistischen gewalttätigen Organisationen beispielweise kann es so gelingen, den Islam als Religion im Gesamten in Misskredit zu bringen. Die Stabilisierungsfunktion wird dann von zumindest Teilen der Bevölkerung einer großen, mit dem Islam in Verbindung gebrachten Gruppen abgesprochen. Der Aufwand, in den Kreis der die Gesellschaft stabilisierenden Religionen zu kommen, ist ungleich höher.

Phönix aus der Asche

Die Redewendung „Phönix aus der Asche“ ist in vielen Kulturen verbreitet und kommt aus der mythischen Erzählung um einen Vogel Phonix. Der Name leitete sich vom altägyptisch benu („Der Wiedergeborene/

der neugeborene Sohn") ab. In der latinisierten Form entstand der Name Phönix. Die bereits im Ägyptischen existierende Form der Erzählung lässt den Benu, einen Reiher, in großen Zeitabständen auftauchen und in der Sonne durch deren Strahlen verbrennen. Aus der eigenen Asche steht er dann verjüngt wieder auf.[98] In der Antike wurde die Sage um den mythischen Vogel weiter tradiert und dann im Christentum als Bild für die Auferstehung verwendet.

Wenn man das Bild für eine Erneuerung von Religion in der Zukunft verwenden will, dann stellt sich die Frage, was für eine Neugeburt zu Asche werden muss. Da die vielfältigen Krisen der Religionen deren Strukturen auf vielfältige Art berühren (es seien spiritueller Missbrauch, hierarchische patriarchale Strukturen und Personalmangel genannt) lässt sich die Frage zuspitzen: Was geschieht, wenn die Religion ihre Strukturen wie einen Phönix zu Asche werden lassen muss, um neu zu erstehen?

In der momentan gängigen Alltagsdefinition von Religion bildet die Organisationsform den wesentlichen Referenzpunkt. Als Religion gelten kulturhistorisch anerkannte Organisationen, die bisher vielfach als Garant der Sinnkarten der mit ihnen assoziierten Spiritualitäten fungierten. Das Verfallen eben dieser Strukturen könnte dann die Basis für einen Neuanfang bilden.

Wie aber bleibt der Phönix ein Phönix? Was wäre für einen solchen Neustart notwendig, um von einer Erneuerung derselben Religion sprechen zu können? Hier könnten die mit Religionen assoziierten Spiritualitäten eine Rolle spielen. Im Beispiel der katholischen Kirche könnte dies die Spiritualität der Benediktiner, der Jesuiten, der Geist des Ordens von Mutter Teresa, die Spiritualität von Sant'Egidio usw. sein, wenn sie für eine christliche spirituelle Anamorphose stehen. Um von einer Erneuerung im Sinne des Phönix aus der Asche sprechen zu können, müsste das Narrativ der spirituellen Anamorphose kleinster Gruppen, die Partikel der Asche bilden, den Nährstoff für eine erneuerte und damit auch neue Religion in neuer Struktur bieten.

Die Religionsgeschichte kennt zwar viele Religionen, die als „Religion" von der Bildfläche wieder verschwunden sind, wie z.B. die ägyptische Religion oder die Götter der Römer*innen (außer in kleinen neospirituellen Bewegungen), die Religion der Kelt*innen und viele Naturreligionen, aber deren Neugeburt findet meist in stark verwandelter Form als Teilstruktur neuer Religionen, wie etwa im wachsenden Christentum in der Antike, statt. Einen Religionsphönix aus der Asche in Reinform gibt es wohl selten.

Die spirituelle Geburt neuer Religionen

Religionsstifter wie Zarathustra, Buddha, Jesus, Mohammed und Bahāʾullāh[99] wollten nicht unbedingt eine Religion gründen. Zumeist beginnen die biographischen Erzählungen der Religionsgründer, die natürlich historisch höchst unterschiedlich verifizierbar sind, mit der eigenen Sinnsuche. Buddha, Jesus und Mohammed scharten bald nach den ersten Predigten Gefährt*innen um sich, die Gemeinschaften wuchsen bis zu einer kritischen Größe. Auf ihre Weise überlebten die großen Religionen in ihrer Geburt als spirituelle Bewegung zu Beginn diverse Krisen: Bei Jesus die Verurteilung und Hinrichtung als Verbrecher, im Buddhismus die notwendige Konsolidierung der Orden, im Islam die Enttäuschung, dass Juden/Jüdinnen und Christ*innen Mohammed nicht automatisch als neuen Propheten akzeptierten und der Neustart in Medina.

Damit aus den jungen spirituellen Bewegungen Religionen werden konnten, bedurfte es allerdings solcher Rahmenbedingungen, die nicht aus den Bewegungen selbst kamen.

Im Christentum, das zunächst einer Verfolgung im Römischen Reich ausgesetzt war, konnte die zeitgleiche Ermüdung des römischen Imperiums mit der möglichen Adaption und damit „gesellschaftlichen Veredelung" der christlichen Lehre durch griechische Philosophie ein entstehendes Vakuum füllen.

Die arabischen Stämme waren in zahllose Fehden untereinander verwickelt und man schaute neidvoll auf die umgebenden Nachbarkulturen, welche alle den Stolz vergangener oder existierender Großreiche als Identitätsmarker besaßen. Der Islam bot neben der spirituellen Sinnkarte des Koran mit Mohammed auch eine starke Führungspersönlichkeit, der nicht nur die verschiedenen Stämme vereinen konnte, sondern ihnen auch eine neue gemeinsame Identität zu geben vermochte. Der Buddha schuf zunächst eine Mönchsreligion, für König Ashoka war sie aber auch als Staatsideologie des neuen geeinten (Nord)indiens von Nutzen und wurde entsprechend gefördert. Die spirituelle Geburt einer Religion findet immer mit Geburtshelfern der Umgebung statt, denen die Geburt hilft, und die das „Aufwachsen“ der neuen Religion aus politischen, philosophischen und soziologischen Gründen unterstützen.

Der Bahai-Glauben ist ein Beispiel einer Religion, die extrem stark unter Verfolgung gelitten hat und in vielen islamisch geprägten Staaten noch leidet. Ein großer Teil der weltweiten Bahai-Gemeinde lebt aus diesem Grund in verschiedenen Ländern im Exil. Die weltweite Verbreitung der Bahai verdankt sich tragischerweise ihrer Verfolgung in der Heimat.

Eine Hürde für die Geburt einer Religion aus einer spirituellen Bewegung ist die Verkrustung der Spiritualität, die eine prozessreligiöse Bewegung ist, hin zur notwendigen Strukturen, um die neue Größe organisieren zu können. Häretiker*innen müssen benannt, pastorale Strukturen aufgebaut, Begegnungen mit bestehenden Religionen verhandelt werden. Die dadurch erstarkenden Referenz-Aspekte wie Kanon-Bildung, Ausbildung der Definition religiöser Expert*innen, Strukturierung der Liturgie und spirituellen Praxis bilden eine Herausforderung. Die nun neu entstandene Religion verliert den Charme der Alternativbewegung und gelangt an Macht und – besonders wichtig – gesellschaftliche Akzeptanz. Mit eben diesem letzteren Aspekt kann die Genese von der spirituellen Bewegung hin zur Religion als abgeschlossen angesehen werden.

Gerade die Phase nach 1945 kann für spirituelle Gruppen als eine äußerst fruchtbare bezeichnet werden. Besonders ab den 1978er Jahren begannen unzählige Gruppen ihr Wirken, teilweise mit starker Referenz zu existierenden Religionen, oft in der Ferne, teilweise wirkliche Neugründungen wie etwa in Korea Donghak, die „Religion des Ostens“[100] als Reaktion auf die christliche Mission. Einige Bewegungen scheinen auch das Religionsimage für eigene Zwecke zu missbrauchen, wie es etwa Scientology vorgeworfen wird. Bei der letzteren ist die Frage, ob es sich um eine spirituelle oder religiöse Bewegung handelt, höchst umstritten.[101]

All diesen Bewegungen lässt sich attestieren, dass sie neben der spirituellen Dimension auch eine gesellschaftliche Anschlusssituation vorfinden, da offensichtlich ein Bedarf gegeben ist. Die neohinduistische Bewegung ist eine der Sinnlandkarten, deren sich die 1968er-Generation bedient, die sich gegen das Establishment der Kriegsgeneration erhebt. Werden aus spirituellen Bewegungen von heute die Religionen der Zukunft? Ja, das ist durchaus möglich. Anzeichen dafür gibt es viele.

Die Chance der Graswurzel-Religionen

Die Dynamiken der Demokratisierung und Ermächtigung von bisher benachteiligten Gruppen sowie ein gewachsenes und zunehmendes Genderbewusstsein wie die kritische Reflexion patriarchaler Strukturen und die Reflektion struktureller Bedingung von Strukturen, die Missbrauch begünstigen können, führt zu einer Stärkung von Graswurzel-Strukturen.

Der Begriff der Graswurzelstruktur oder -bewegung wurde aus dem Englisch übernommen[102]. Die Ausdrücke Graswurzelbewegung, -demokratie, -revolution sind nach Angaben der Gesellschaft für deutsche Sprache seit Ende der sechziger Jahre auch in Deutschland geläufig. Belege[103] führen mindestens ins Jahr 1982 zurück.

Das englische „grass roots“ wurde und wird im Sinne von ‚Basis‘, ‚einfache Menschen, Mitglieder‘ gebraucht (vergleiche Basisdemokratie). Im „Dictionary of Contemporary English“ (Longman, 1987) heißt es: “the ordinary people or ordinary members of a group, rather than the ones with power or special knowledge”. [104]

Kurz darauf wird der Begriff auch in Zusammenhang mit dynamischen Veränderungen von Religion gebraucht. Dabei werden zunächst nichtreligiöse Graswurzelbewegungen auf ihren Einfluss auf „Religion“ hin untersucht.

Bereits 1997 beschäftigte sich Samuel Escobar[105] damit, darzustellen, wie die jüngere Geschichtsschreibung und Sozialforschung in Lateinamerika neue Ansätze entwickelte, um die Bedeutung der Bewegungen der Armen für den sozialen Wandel sowie die Rolle der Religion als Schlüsselfaktor für die soziale Mobilisierung zu verstehen. Der religionsverändernde Faktor von Graswurzelbewegungen ist hier evident!

Der Historiker Xiaoxuan Wang (Wang 2020) zeigt in „Maoism and Grassroots Religion“ (Maoismus und Basisreligion), wie das religiöse Leben an der Basis unter und nach Mao im Kreis Rui'an in Wenzhou im Südosten Chinas, einer Region, die für ihre religiöse Vitalität bekannt ist, sich entwickelte. Wang stellt auf der Grundlage unerforschter lokaler Staatsarchive, Aufzeichnungen religiöser Einrichtungen, Memoiren und Interviews dar, wie die Geschichte der Begegnung lokaler Gemeinschaften mit der kommunistischen Revolution und ihren Folgen, insbesondere dem Wettbewerb und den Kämpfen um religiösen Besitz und rituellen Raum, verlaufen ist. Xiaoxuan Wang zeigt, dass das religiöse Leben unter Mao nicht völlig unterbrochen wurde, sondern sich durch eine bemerkenswerte Vielfalt und Ungleichmäßigkeit auszeichnete und von den Wechselwirkungen der lokalen Dynamik mit den maoistischen Kampagnen – einschließlich der Landreform, des großen Sprungs nach vorn und der Kulturrevolution – abhängig war. Die revolutionäre Erfahrung hat die Entwicklung der verschiedenen Religionen, die interreligiöse Dynamik und die Beziehungen zwischen Staat und Religion in der Zeit nach Mao stark beeinflusst.

Während bislang der Einfluss von Graswurzelbewegungen auf Religionen untersucht wurde, rückt in den vergangenen Jahren die Frage, ob die oft als feudal strukturiert angesehenen Religionen nicht besser dastünden, wenn sie selbst Graswurzelbewegungen wären, langsam in den Fokus der Aufmerksamkeit. Der emeritierte Mathematik-Professor Lothar Gerritzen rief 2010 dazu auf, ihm Beiträge für eine integrative Religion zu senden.[106] Das Verfahren selbst, diesen Aufruf an die Allgemeinheit statt an Religionsexpert:innen zu richten, spiegelt die Arbeit einer Graswurzelbewegung wider.

Dabei wird immer wieder betont, dass die Synodal- und Rätestruktur der frühen Kirche Graswurzelstrukturen förderte bzw. die urchristliche Gemeinde als eine solche hätte gelten können.

Allerdings führt die Bewegung von einer spirituellen Bewegung innerhalb des Judentums mit Graswurzelcharakter zur Religion hin, die als solche ab 313 n. Chr. auch vom Staat anerkannt wird, zu hierarchischen Strukturen und damit weg von der Graswurzelstruktur. Ähnliches gilt auch für andere Religionen. Gleichzeitig sind gerade in spirituellen Bewegungen zu Anfang Meister*innen und andere spirituelle Influencer auch die Organisator*innen der Communities und es ergeben sich dadurch manches Mal eher feudale Strukturen.[107]

Eine Graswurzelreligion wäre in ihrer Genese, Verwaltung und Ausübung dicht an der Basis und müsste etwa in Fragen der Lehre, der Rituale oder Festzeiten diese in Debatten erarbeiten. Es entsteht im Vergleich mit den bekannten großen Religionen die Frage, was dafür die Ausgangsbasis bilden könnte.

Können die Organisationen, die derzeit als Religionen (und umgangssprachlich sogar als Weltreligionen) bezeichnet werden, zu den Graswurzelreligionen der Zukunft werden?

Die gemeinhin als Religionen wahrgenommenen Strukturen spiritueller und religiöser Organisationen sind in all ihrer Unterschiedlichkeit darin übereinstimmend, dass sie im Laufe ihrer Geschichte in hohem Maß mit politischen Strukturen verbunden waren. Die dort vorgefundenen Organisationssysteme waren meist feudal strukturiert, die Religionen lehnten sich diesen Strukturen an. Könige und Kaiser wurden nicht selten entweder zu Schutzgaranten der Religion oder standen dieser, wie etwa die Fürstbischöfe, sogar in einer Art geistiger und politischer Personalunion vor. Andernorts nahmen die Orden am Hof nicht nur administrative Funktionen von Hofbeamten war, sondern waren auch militärisch bedeutsam, wie etwa die Mönchsarmeen in China, Korea und Japan.[108]

Die vom König und Kaiser gestützten Religionen wiederum stabilisierten mit Glaubensbekenntnissen und ethischen Regeln die Gesellschaft. Die Texte der Religionen erhielten so als Stabilisationsgarantie der Gesellschaft politische Bedeutung. Der König stützte durch die Förderung wiederum die Religion, oder regelte in religionspluralen Situationen, wie etwa im christlich-jüdischen Europa und in muslimischen Gebieten, die Verhältnisse zwischen den Religionen.

Eine sehr spannende Bewegung innerhalb katholischer Strukturen, die vielleicht so etwas Ähnliches wie Grasrootbewegungen innerhalb der katholischen Kirche ermöglichen, sind Marienerscheinungen. Diejenigen, die von solchen Erscheinungen berichten, sind meist Kinder, oft Mädchen. Als Phänomen des 19. Jahrhunderts ordnet Schneider (2013) sie als charismatische und prophetische Möglichkeit von Kindern und Frauen ein, die zum Klerikalismus und der Deutungsmacht der Männer einen Gegenpol darstellen können. Die Amtskirche verhält sich zu diesen Erzählungen häufig sehr skeptisch. Dennoch funktionieren die Marienerscheinungen religionsproduktiv und es entstehen häufig sehr lebendige Pilgerzentren, in denen sich dann in Folge oft Heilungswunder häufen und auch Botschaften von Maria verkündet werden. Diese aus dem Volk kommenden Religionsprozesse kommen weitgehend ohne klerikale Hierarchie aus, ja es scheint so, als ob ihnen auf längere Sicht nichts Anderes übrig bleibt, als diese zu akzeptieren und in ihre eigenen Strukturen einzubinden.

Der Buddhismus kennt ähnliche Phänomene. So berichtet die Legende der Mutter des koreanischen Königs Kwangdok, ihr sei im Traum Kwanum Bosal (Avalokiteshvara), der Bodhisattva des Mitgefühls, erschienen und habe sie beauftragt, sich für das Volk einzusetzen.[109] In China wird Prinzessin Miao-shan als Erscheinung Avalokiteshvaras gesehen.[110]

Sinnkarten verwenden oft eine oben-unten Metapher. Gott oder das Göttliche erscheint von oben, bricht in das Leben als Licht, Erleuchtung ein, wird vom Meister bestätigt usw. – Wie kann neben diesen oft hierarchischen oben-unten Bildern das Bild der Graswurzel in den Religionen und Spiritualitäten der Zukunft eine Rolle spielen?[111]

- Graswurzel-Bewegungen benötigen ein Narrativ, welches die in ihr engagierten Menschen verbindet und für den Fokus einer spirituellen Vision (Klima, Frieden) eint.
- Graswurzelbewegungen sind alternative Organisationskulturen zu verfassten Religionen.
- Graswurzelbewegungen können an mehreren spirituellen Bewegungen andocken und diese vernetzen.

Für unsere Frage nach der möglichen Form von Religionen, also von Religion an sich in der Zukunft, ist die Frage nach dem, was neben einer spirituellen Graswurzelbewegung eine Graswurzelreligion ist, von Bedeutung. Was also ist eine Graswurzelreligion? Was könnte eine Graswurzelreligion sein? Ein sich aus einer oder mehreren spirituellen Bewegungen formierender Verband, der ein gemeinsames spirituelles Narrativ entwickelt (etwa die Ökokrise als Aufgabe)?

Die Organisationsstrukturen bleiben flach, das gesellschaftliche Vakuum – eine notwenige Antwort auf die Klimakrise etc. – bleibt dennoch gegeben und kann von Politiker*innen aufgegriffen werden. Dies fördert die beteiligten Bewegungen und verleiht ihnen Standing.

Als Herausforderung bleibt: Große Graswurzelgruppen sind schwer zu organisieren. Es stellt sich die Frage, wie eine Graswurzelreligion die für eine Religion notwenige Organisation mit Blick auf staatliche Anerkennung, Einbindung in gesellschaftliche Strukturen (z.B. Ethikrat etc.) bewerkstelligen könnte. Mögliche Vorbilder könnten Naturreligionen oder schamanisch geprägte Religionen sein. Diese Formen haben zwar heute auch Organisationsformen (etwa die Korean Schaman Association). Diese übernehmen aber eher administrative Aufgaben, während die spirituelle Leitung bei den religiösen Expert*innen, wie den Schaman*innen, liegt. Graswurzel-Religionen können mit einer losen Verbindung zu einem Büro einer Dachverbindung auskommen, welches die Religion nach außen vertritt, ohne auf die Strukturen der Graswurzel-Verbände Einfluss zu nehmen.

Dies wäre eine sehr mögliche Form der Religionen der Zukunft, da sie auch patriarchale Strukturen umgehen kann. Nichtfunktionierende Graswurzelbewegungen können sich lokal nicht verwurzeln und lösen sich auf, ohne die Wiese zu gefährden.

Interreligiosität

Interreligiöser Dialog und die Zukunft der Religion: Fraktale Elemente und dritte Räume[112]

In vielen religiösen Kontexten wird der interreligiöse Dialog eher als eine Randerscheinung gesehen. Zukünftige Formen von Religionen, so soll hier argumentiert werden, müssen allerdings die unterschiedlichen Fraktale der eigenen und anderen Religionen und Spiritualitäten einordnen und lesen können. Ebenso müssen sie sich theologisch interreligiös aufeinander beziehen können, um in einem gemeinsam mit der Gesamtgesellschaft produzierten „dritten Kommunikationsraum" (Bhabha) die für diese Gesellschaft wichtigen Friedenspotentiale zur rituellen Partizipation und damit Andockung an den gesellschaftlichen Gesamtprozess bereitstellen zu können.

Fraktale Struktur von Religion

Bevor auf diese in Zukunft wichtiger werdenden Rituale näher eingegangen werden kann, soll daher zunächst der Ansatz der fraktalen Struktur zur Erklärung religiöser Vielfalt von Perry Schmidt-Leukel vorgestellt werden. In seinem Beitrag „Eine fraktale Interpretation religiöser Vielfalt" führt er mit Blick auf die plurale Struktur von Religion aus,

> „dass religiöse Vielfalt nicht willkürlich und zufällig ist, sondern dass sich in ihr über weite Strecken fraktale Muster erkennen lassen. Das heißt, typologische Unterscheidungen, mittels derer wir die Unterschiede zwischen den Religionen bestimmen, finden sich haufig in veränderter Form auch innerhalb der großen Religionen wieder. Re-

ligionen sind daher weder alle gleich, noch radikal voneinander verschieden. Vielmehr gleichen sie einander gerade in ihrer internen Vielgestaltigkeit. Daher gibt es zwischen ökumenischer und interreligiöser Theologie weitaus mehr Kontinuität, als man gemeinhin annimmt." (Schmidt-Leukel 2018, 138)

Schmidt-Leukel verdeutlicht diese Strukturen mit Rückgriff auf die von Holstein angeführten Ebenen im Dialog: die inter-religiöse Ebene, die intra-religiöse Ebene und die intra-subjektive Ebene:

> „Inter-religiöse Ebene: Die Vielfalt der Religionen (verschiedene Typen, Muster und charakteristische Elemente religiöser Erfahrungen, Praxis, Glaubensvorstellungen).
> Intra-religiöse Ebene: repliziert sich als die interne Vielfalt innerhalb jeder größeren religiösen Tradition.
> Intra-subjektive Ebene: innerhalb gemeinsamer, aber in sich vielfältiger Dispositionen von Geist und Psyche." (Schmidt-Leukel 2018, 139)

Diese durch die Ebenen strukturierte Vielfalt ist aber nach Ansicht Schmidt-Leukels auch mit Blick auf die Religionsgeschichte und die in ihren vielfältig hervorgebrachten Religionen nicht zufällig,

> „vielmehr korrespondieren das Ausmaß und die Art der religionsinternen Vielfalt jener Vielfalt, die wir zwischen den Religionen finden. (...) Vielmehr gleichen sie einander gerade in ihrer internen Vielgestaltigkeit, auch wenn sich diese in jeder Religion in anderen Variationen darstellt." (Schmidt-Leukel 2018, 142)

Wenn die Religionen einander strukturell durch die fraktale Gegebenheit ähnlich sind, so entsteht die Frage, ob dann statt einer Vielfalt von Religion nicht eher die Perfektion einer Religion anzustreben sei. In der Philosophie- und Theologiegeschichte kamen solche Vorschläge mit großer Regelmäßigkeit. Verschärft wurde und wird die Situation noch durch die Reaktion auf diese Diversität. Anhand der feststellbaren Unterschiede, die oft als Häresien herausgearbeitet wurden, sind andere nicht nur fehlerhaft, sondern als in die Irre führend angesehen worden. Der interreligiöse Dialog eröffnet eine Alternative:

> „Im Fall der Religionen stellt sich die Irregularität der Selbstähnlichkeit im Sinn unterschiedlicher Betonungen, unterschiedlicher Arrangements und unterschiedlicher Kontexte ihrer Lehren, Erfahrungen, Einstellungen und Praktiken dar. Genau das aber ermöglicht es den Religionen voneinander zu lernen. Die andere Religion ist immer von der eigenen verschieden, aber sie ist niemals vollkommen verschieden. Insofern hatte Müller Recht, als er argumentierte, man müsse viele Religionen studieren, um ein besseres Verständnis einer jeden einzelnen von ihnen zu gewinnen. Doch auch Harnack findet Religionen, die in der eigenen vorhanden sind, wenn auch in anderer Form." (Schmidt-Leukel 2018, 148)

Die Aufgabe des interreligiösen Dialogs ist es nun, sich anbietende Anknüpfungspunkte der Religionen zu sehen und sinnvoll aufeinander zu beziehen. Dies geschieht über ein Lernen durch das doppelte Vernetzen von Anknüpfungspunkten.[113]

Auf interkultureller Ebene zeigen sich diese, von Schmidt-Leukel als Fraktale bezeichneten Aspekte auch in der von den Religionen eingeräumten Möglichkeit der Begegnung an sich. In jüdischer und christlicher Perspektive könnte hier der Begriff der Anerkennung (wie etwa bei Paul Ricœur) verwendet werden, den er aus einer Auseinandersetzung mit Emanuel Levinas entwickelt. Diese ist nur im gegenwärtigen Moment der Begegnung verwirklichbar. Die japanische Koytoschule führt den Basho-Begriff in den Dialog ein und bezeichnet damit den Ort der Anerkennung, ebenfalls nur im gegenwärtigen Moment.

Interreligiöses Lernen in interreligiösen Ritualen

Im Dialog, auch in interreligiösen Zeremonien, wie etwa Friedensgebeten, scheint nun im Ritual einerseits die Fraktalität der Religionen und andererseits gleichzeitig ihre Verwebung auf. Die durch das Begegnungsritual, welches häufig dem Assisi-Modell folgt, durchgeführte Beziehungsarbeit verneint in keiner Weise Unterschiede, sondern zeigt sie sogar deutlich. Gleichzeitig wird – meist besonders durch ein gemeinsames Ritual, wie dem Entzünden von Lichtern oder Pflanzen von Bäumen, ein gemeinsamer Aspekt hervorgehoben, wie etwa die Sehnsucht nach Frieden, das Trauern um Opfer nach einer Katastrophe, die Sorge um den Planeten Erde in der Klimakrise. Diese Rituale verlaufen in der Gast-Gastgeber*in-Dynamik und sind nie in einer absoluten Harmonie, sondern in ihrer Natur in einer immerwährend nach Balance strebenden Asymmetrie.

Wie im Lernen auf individueller Ebene, so verläuft auch in interreligiösen Ritualen der Prozess in zwei Dynamiken, der Gast-Gastgeber*in-Struktur und der Dynamik zwischen Fremde*r und Freund*in. Dabei ist, wie der Kulturethnologe Hahn[114] gezeigt hat, der Feind durch Kulturleistungen wie dem Markt in der Stadt zum Fremden geworden. Der Fremde erhält beschränkten Zutritt zu beiderlei Vorteil, und durch vielfältige Begegnungen können Freundschaften entstehen.

Den Mitfeiernden erzählt ein interreligiöses Ritual davon, dass sich die partizipierenden Religionen und ihre Vertreter*innen bereits entfeindet haben. Wenn der Dialog bereits über einen längeren Zeitraum etabliert ist und sich zwischen den Ausführenden des interreligiösen Rituals persönliche Beziehungen entwickelt haben, so spiegelt sich dies in einer freundschaftlichen Atmosphäre des interreligiösen Rituals.

Interreligiöse Rituale zeigen so Prozesse des interreligiösen Lernens, für die allgemein gilt:

- Prozesse interreligiösen Lernens laufen meist noch unbewusst ab.
- Eine Fähigkeit interreligiöser Kompetenz besteht darin, Lernprozesse ins Bewusstsein zu bringen. Dies beginnt mit dem eigenen Lernen.
- Wie jeder Lernprozess ist auch interreligiöses Lernen strukturiert.

Im Folgenden werden diese Prozesse aus der Perspektive von Lernprozessen in interreligiösen Ritualen beschrieben. Dabei soll gezeigt werden, dass in diesen interreligiösen Ritualen die Möglichkeit besteht, über die Religionen und dem zwischen ihnen bestehenden interreligiösen Dialog den öffentlichen Raum zu erreichen und Menschen, die sich außerhalb religiöser Kerngemeinden verorten, in den interreligiösen Lernprozess so mit einzubeziehen, dass Religion als friedensfördernd wahrgenommen werden kann. Während singuläres Auftreten von Religion im öffentlichen Raum zunehmend als störend wahrgenommen und damit teilweise auch mit Aggression verbunden wird, was auf lange Sicht zu Distanzierung von Religion führen kann, zeigt sich in interreligiösen Settings, wie beispielsweise Lichterfeiern und Friedensgebeten, ein positiv gelesener Beitrag der Religionen. Damit es zu solchen interreligiösen Gebeten kommen kann, ist bereits viel interreligiöser Dialog geschehen und auf Seiten der durchführenden Religionsvertreter*innen kann die Organisation oder Partizipation an einer solchen Veranstaltung bereits als ein Ergebnis des Lernprozesses gelesen werden.[115] Im Folgenden soll versucht werden, mögliche interreligiöse Lernprozesse aus der Perspektive der Teilnehmer*innen zu erörtern und auf deren Wirkung im Sinne der aufgestellten Hypothese der Friedensförderung zu befragen.

Interreligiöse Rituale wie Friedensgebete kommen in unterschiedlichen Formaten und Setting vor. Als eines der Wegweisendsten hat sich das Friedensgebet in Assisi 1986 erwiesen, zu dem Johannes Paul II. Vertreter*innen unterschiedlichster Religionen eingeladen hatte. Das Modell, bei dem zunächst Impulse und Gebete durch die Vertreter*innen vorgetragen wurden und dann mit einem gemeinsamen Ritual, es wurden Olivenzweige verteilt, abgeschlossen wurde, hat sich zum Standard entwickelt. Die theologischen Debatten innerhalb des Katholizismus und auch in protestantischen Kirchen, sowie in anderen Religionen[116] können hier nicht im einzelnen dargestellt werden.

Ein weiteres häufig rezipiertes Modell sind Lichterketten oder das Entzünden von Kerzen oder Ablegen von Blumen in Verbindung mit Schweigeminuten. Dieses Ritual wird auch in säkularen Settings verwendet, kann aber von den Partizipierenden auch religiös oder spirituell gelesen werden.

Die Wirkung der interreligiöser Rituale im Dritten Raum

Wo findet dieser Lernprozess statt? Heute schon zeigt sich in vielen Zusammenhängen, dass in interreligiösen Projekten auch die Gesamtgesellschaft ein Interesse hat, welches häufig als „Potential der Religionen einen Beitrag zu einem friedlichen Miteinander einer pluralen Gesellschaft beizutragen“ bezeichnet wird. Dies gelingt den Religionen im besten Fall dadurch, dass sie aufgrund der fraktalen Struktur viele Anknüpfungspunkte auf unterschiedlichen Ebenen finden, die sich oft aber nur schwer direkt aufeinander beziehen lassen. Dieser Bezug gelingt bereits jetzt häufig in einem dritten Raum, den Homi Bhaba beschreibt:

> "It is that Third Space, though unrepresentable in itself, which constitutes the discursive conditions of enunciation that ensure that the meaning and symbols of culture have no primordial unity or fixity; that even the same signs can be appropriated, translated, rehistoricized and read anew."[117]

Dies führt nach Bhaba zu antiessentialistischen Theoriemodellen, denen es gelingt, die Fraktale immer wieder neu zu bewerten und aus verschiedenen Perspektiven zu erzählen. Damit bleibt das Narrativ offen (Boeve 1997). Ein essentialistisches und traditionelles Kulturverständnis, wie es sich in Huntingtons (Clashes of Civilisation) Kulturkreis-Theorie findet, wird so überwunden. Bhaba sieht Kultur als ständigen Diskurs, der in einer Gesellschaft stattfindet. Kulturelle Differenz entsteht in der Wahrnehmung der oft in verschiedenen Geschwindigkeiten laufenden Prozessen kultureller Produktion. Durch das ständige Hervorbringen von „Neuem" der Kulturen empfindet der/die Beobachter*in kulturelle Differenz.

Der dritte Raum ist der Austragungsort und die Möglichkeit, kulturelle Differenz hervorzubringen.

Für den interreligiösen Dialog bedeutet dies, dass das „Potential der Religionen, einen Beitrag zu einem friedlichen Miteinander einer pluralen Gesellschaft zu leisten", ein ständig neu notwendiger Prozess des dritten Raumes ist, in dem die fraktale Struktur der Religionen, die sich auch in den ethischen Wertvorstellung der oft als säkular gedachten Gesamtgesellschaft findet, eine zentrale Rolle spielt.

Eine Funktion der Religionen in pluralen Gesellschaften in Zukunft ist daher die Produktion und Sichtbarmachung des „Friedenspotentials" für die Gesellschaft. In Teilbereichen kann diese Produktion und Sichtbarmachung des dritten Raumes durch die Religionen in Ritualen des interreligiösen Dialogs bereits jetzt aufscheinen. Dieser Aspekt wird in Zukunft aufgrund der Friedenspotentialfunktion von Religion für sie überlebenswichtig sein. Wo und wie zeigt sich dieser Prozess bereits in Ansätzen?

Ein Bereich, in dem sich das Friedenspotential der Religionen bereits mit seiner Bedeutung für die Gesamtgesellschaft zeigt, sind interreligiöse Friedensgebete. Viele solcher Angebote verwenden als Grundstruktur die des Friedensgebetes in Assisi 1986, zu dem Papst Johannes Paul II. eingeladen hatte. Die Grundstruktur dieses interreligiösen Gebetes wird häufig als Assisi-Modell bezeichnet: ein oft musikalischer Rahmen, Beiträge der partizipierenden Religionen, die abwechselnd ihre Texte und Gebete vortragen. Dazwischen eine deutliche Pause. Das gemeinsame Gebet der Religionen wird durch ein miteinander vollzogenes nonverbales offenes Ritual abgeschlossen. In Assisi wurden Palmzweige verteilt, häufig werden viele Kerzen einzeln oder eine Kerze gemeinsam entzündet, es gibt das Ritual des gemeinsamen Gehens im Schweigen. Auch Baumpflanzungen (oder Ähnliches) bieten sich an. Wichtig ist, dass die beteiligten Religionen und auch nichtreligiöse oder Menschen mit diversen religiösen Identitäten an diesem Ritual innerlich partizipieren können, es also als ein offenes Narrativ gelesen werden kann und Anknüpfungspunkte des interreligiösen Dialogs (Rötting 2007) für viele bietet.

Auf diese Weise tragen die Religionen Komplementärfraktale in einen offenen Ritus bei, der von der Gesamtgesellschaft lesbar ist, auch wenn nicht alle Partizipierenden alle Textteile oder Rituale verstehen. Besonders der Gestus, das nonverbale offene Ritual ermöglicht eine innere Beteiligung vieler. In der Gesamtheit bieten die Religionen in einem solchen interreligiösen Projekt Aspekte und Fragmente ihrer Sinnkarten an, der Reichtum an Zeichen, Texten, musikalischen Beiträgen, Artefakten aller Art weben dann gemeinsam ein „Netz des Friedens". Durch die Fraktalelemente spinnen sich sowohl interreligiöse Verbindungen, wie Verbindungen zu ethischen Werten, als auch Hoffnungen und Sehnsüchte oder Aspekte von Verarbeitung, Trauer und Trauma, die Anwesende teilen. Interreligiöse Rituale verdeutlichen somit den menschlichen Zusammenhalt der Gesamtgesellschaft, besonders wenn auch gewählte Vertreter*innen oder Symbolfiguren der Gesellschaft in diesen partizipieren und in öffentlichen Räumen wie Stadtplätzen etc. auftreten.

Es zeigt sich, dass gerade von Vertretern der Öffentlichkeit dieser Beitrag im Kontext interreligiöser Arbeit erwartet und auch gefördert wird. Eindrücklich bestätigt sich dies in einer Untersuchung zur Innen- und Außenwahrnehmung des House of One in Berlin. Diese zeigt, dass gerade die als säkular geltende Stadtgesellschaft Berlins und ihre politischen Vertreter*innen in ihrer Zustimmung zum Projekt des House of One diesen Aspekt besonders hervorheben und die beteiligten Religionen ihre Erwartungen auch und besonders auf innerreligiöse Aspekte lenken.[118] Dies ist ein Hinweis darauf, dass in einer pluralen Gesellschaft möglicherweise Religionen in Zukunft dann von der Gesamtgesellschaft positiv bewertet und akzeptiert werden, wenn sie ihr interreligiöses Friedenspotenzial verstärken, während innerreligiöse Bedürfnisse von immer weniger Menschen „gelesen“ werden können. Damit werden in Zukunft die Religionen, welche die fraktale Vernetzung untereinander positiv aufzeigen und bewerten können, gewinnen. Für dies benötigen sie jedoch den von Homi Bhaba beschriebenen „Dritten Raum“, den sie durch den interreligiösen Dialog in einem für alle offenen Prozess gemeinsam mit der Gesamtgesellschaft durch Rituale erzeugen.

Die von Schmidt-Leukel angezeigte fraktale Struktur der Religionen bietet neben anderen theoretischen Rahmen eine besonders geeignete Metaebene, die es einer interreligiösen Theologie, komparativer Theologie und der angewandten oder praktischen Religionswissenschaft ermöglicht, punktuell Anknüpfungspunkte für den Dialog vorzuschlagen, etwa in Handreichungen für Scriptural Reasoning[119] oder auch in der Analyse interreligiöser Prozesse und Dialoge[120].

Interreligiöser Lernprozess im Dritten Raum

Der Lernprozess geht von der (1) Verwurzelung in der eigenen Lebenswelt, deren Religion, oder dem „Nicht-vorhanden-sein“ von Religion, aus. Die Prägungen der Kindheit und des Elternhauses und der Umgebung spielen ebenso eine Rolle wie besondere Erlebnisse und Erfahrungen. Die Entwicklung des Gottesbildes (je nach Religion auch die Vorstellung von Dharma usw.), die Ausbildung einer eigenen Spiritualität sowie der eigene Lerntyp verändern, wie das interreligiöse Ritual wahrgenommen wird. Menschen, die eher durch Erfahrung, Gefühl und Stimmungen religiös oder spirituell angesprochen werden, nehmen andere Aspekte wahr als diejenigen, deren Lernprozesse besonders durch Denken und Reflexion stimuliert werden. Das oben angesprochene Assisi-Modell ist hier durch Wortbeiträge aus unterschiedlichen religiösen und spirituellen Kontexten in anderer Weise anregend als die Symbolhandlung. Lichter und Schweigen wirken je nach Kontext besonders auf der emotionalen Ebene.

Personen, die in ihrer kulturellen Prägung keine Religion besonders erfahren haben oder sich zur Herkunftsreligion in Distanz sehen und dies aus der Perspektive einer alternativen Sinnkarte beurteilen, erhalten durch religionsplurale Statements unterschiedliche Sinnangebote zum Kontext, in dem das interreligiöse Ritual stattfindet. Gleichzeitig entfalten die Beiträge normalerweise keine umfassenden Theoriegebäude, sondern bieten prägnante Stellen aus der Tradition an.

In der sich anschließenden Phase des (2) Bewusstwerden kann es vorkommen, dass Teilnehmer*innen bestimmte Aspekte des interreligiösen Rituals besonders wahrnehmen, da sie in dem Angebotenen eine Relevanz für die eigenen Lebens-Weg-Navigation wahrnehmen. In Forschungsinterviews[121] etwa wird häufig berichtet, dass die von einem Imam vorgetragenen Verse aus dem Koran, in Übersetzung gelesen und dann gesungen, auf sie in einer überraschend positiven Weise gewirkt hätten und dazu führten, stereotype Islambilder zu hinterfragen.

Durch unterschiedliche und auch in Bezug auf soziokulturelle und biographische Verortung verschieden wirkender Beiträge entstehen Möglichkeiten der (3) Anfrage. Aspekte der interreligiösen Feier wirken auf die Mitfeiernden oder auch auf die aus Distanz Zusehenden mit Blick auf Aspekte der eigenen Lebensnavigation anregend. Dies führt möglicherweise zur (4) Öffnung, in der nun der weitere Verlauf der Feier als positiver Impuls gelesen wird. Interreligiöse Feiern können so möglicherweise weiteren (5) interreligiösen Dialog vorbereiten. Aber auch, wenn es nicht zu intensiveren Begegnungen kommt, ermöglichen die dargebotenen Texte, Gebete und Rituale ein (6) Anknüpfen für Menschen unterschiedlichster Herkunft. Durch die Ritualisierung der Pluralität in den interreligiösen Feiern heben sich exklusivistische Tendenzen in den Texten (die natürlich auch dahingegen geprüft werden) insofern auf, dass trotz der Gast Gastgeber*in-Situation das gemeinsame Anliegen (Friede, Umwelt, Ökokriese, Trauer nach Katastrophe) in den Vordergrund gestellt wird. Die meist situationsbezogenen interreligiösen Rituale im öffentlichen Raum sprechen Themen an, die den Anwesenden unabhängig von ihrer religiösen oder spirituellen Orientierung auf dem Herzen liegen. Diese situative Positionierung ermöglicht ein (7) Vernetzen mit dem Anknüpfungspunkt. Allerdings ist dieses Vernetzen für die Mitfeiernden bei zunehmender Größe durch die gegebene Distanz zum Geschehen teilweise nur sehr eingeschränkt möglich. Diese aus Sicht interreligiöser Lernprozesse eher einschränkende Situation der eingeschränkten Partizipation ermöglicht eine Teilnahme am Gesamtritual, ohne sich von einer der partizipierenden Religionen missionarisch bedrängt zu fühlen.

Die besondere Form des zurückhaltenden Angebotes von unterschiedlichen Anknüpfungspunkten aus ermöglicht es einem sehr großen Teil der anwesenden Personen, sich mit der Intention des interreligiösen Rituals zu identifizieren, auch wenn keine Identifikation mit einer konkret vertretenen Religion erfolgen kann. So wird über die Kommunikation des Ereignisses in den Medien ein Bedürfnis der Gesellschaft ausgesprochen und in einem Konzert spiritueller Sprachen als eine Gesamtmelodie der Fraktale kommuniziert. Wenn dies gelingt, kann dadurch eine (8) Transformation des Blicks Einzelner, aber auch in weiterer Folge von Teilen der Gesellschaft auf Religionen erfolgen.

Diese positive Wahrnehmung wird den Religionsvertreter*innen und Akteur*innen interreligiöser NGOs regelmäßig bestätigt, so dass diese in der (9) Evaluation von interreligiösen Ritualen meist eine positive Bilanz ziehen. Dies führt unter den Beteiligten religiösen Organisation und Gruppierungen zu einem (10) intrareligiöser Dialog, in dem die Vertreter*innen der Traditionen am interreligiösen Ritual ihre Erfahrungen denen mitteilen, die nicht dabei waren. Raimundo Panikkar[122] hat zuerst auf diesen Aspekt des Dialogs aufmerksam gemacht und damit den Dialog in einem Selbst bezeichnet. Dieser Begriff kann aber auch verwendet werden, um Dialoglernen innerhalb einer Tradition zu den Erfahrungen mit anderen zu verwenden. Zunehmend sind in interreligiösen Ritualen Menschen zugegen, die sich in keiner oder auch mehreren spirituellen oder religiösen Richtungen verorten würden. Sie verwenden verschiedene Sinnkarten und Sinnalternativen, um für sich auszuloten, wie die interreligiösen Feiern in ihrer salienten Sinnkarte vorkommen.

Bemerkenswerterweise findet der intrareligiöse Dialog auch in nichtreligiösen Organisationen statt, wie etwa Ämtern und Fachabteilungen der Stadt, den verantwortlichen Gremien für Veranstaltungen im öffentlichen Raum oder den Abteilungen für Migration. Der Begriff „intrareligiöser Dialog“ mag hier vielleicht durch „intrainstitutionellen Dialog im interreligiösen Feld" präzisiert werden. Dass hier bereits wiederholt positiv evaluierte Lernprozesse stattfanden, zeigt sich in der nachweisbaren Phase der (11) neuen Verwurzelung, in der die auftauchenden Themen im Kontext interreligiöser Rituale institutionell, wie z.B. in der säkularen Verwaltungsstruktur, verortet sind. So gibt es in vielen Städten und Kommunen inzwischen einen Rat der Religionen, in den Verwaltungsbehörden Zuständige für interreligiöse und interkulturelle Arbeit und manchenorts sogar regelmäßige Empfänge von Botschaften oder der Stadt, für interreligiöse Feiern angefragt werden.[123]

Interreligiöse Räume als Religionsform der Zukunft?

Nicht nur Rituale ermöglichen einen Dritten Raum, sondern auch Orte wie Gedenkstellen, interkulturelle oder interreligiöse Gärten, die bei nationalen und internationalen Gartenschauen üblich werden. Oft durch Graswurzelbewegungen entstandene Projekte sind Häuser der Religionen.[124] Die Verbindung von Graswurzelbewegung und Teil-Finanzierung der öffentlichen Hand zeigt die hohe gesellschaftliche Akzeptanz dieser interreligiösen Orte, welche für religiös geprägten Gruppen, unter ihnen oft auch Minderheiten, sowie der Gesamtgesellschaft eine Art Verstetigung des temporären interreligiösen Rituals zum einen und eine Beheimatung konkreter Gruppen zum anderen sind.

Eines der ersten Projekte seiner Art ist das Haus der Religionen in Bern. In München befindet sich ein Projekt im Prozess der Planung und Austestung an einem konkreten Ort, der Nazarethkirche im Stadtteil Bogenhausen.[125]

Exemplarische Analyse: Das House of One in Berlin

Sind interreligiöse Gebäude eine mögliche Form der Religion der Zukunft? Exemplarisch soll dieser Frage in Auseinandersetzung mit dem seit 2023 im Bau befindlichen House of One in Berlin nachgegangen werden.

Im Zentrum Berlins, an einer historischen Stelle, auf den Fundamenten einer mittelalterlichen Kirche, wird ein gemeinsames Haus für die drei monotheistischen Religionen entstehen.[126] Ein sakrales Haus für Juden/Jüdinnen, Christ*innen und Muslime/Muslimas. Eingerichtet sein werden eine Synagoge, eine Kirche, eine Moschee und ein Lehr-und Begegnungsraum für alle Religionen in der Mitte. Dieser vierte Raum ist ein Ergebnis der Debatte um die Pluralität der Religionen in Berlin, die weit über die abrahamitischen Religionen hinausgeht.

Eine Studie zur Innen- und Außenwahrnehmung des House of One kommt zu dem Ergebnis, dass interreligiöse Aktivitäten von der Stadt Berlin gewünscht und von den Teilnehmer*innen einer Straßenbefragung sehr befürwortet werden. Der Ort als Einladung zu einem friedlichen Austausch wurde dabei auch von Befragten bestätigt, die das sich im Bau befindliche Projekt nicht kannten. Die Stimmen religiöser Expert*innen beurteilten das Projekt teilweise aus einer kritischen Innenperspektive und brachten zum Teil die Sorge einer „Verwässerung der Religion" zum Ausdruck.

Das House of One wird als Bet- und Lehrhaus von Pastor Gregor Hohberg, Rabbi Andreas Nachama und Imam Kadir Sanci geleitet und soll auf Austausch und gegenseitiges Interesse zwischen den Religionen ausgerichtet sein.

Die Grundidee des Projekts sei es, in den Dialog zu treten und sich gegenseitig zu verstehen. Die Bewahrung der eigenen Identität wird kein Hindernis sein, weil die sakralen Räumlichkeiten für alle Religionen eigenständig sein werden. Das House of One und seine Architektur werden ein spirituell anregendes und erhebendes Bauwerk sein.[127] Ein Haus, in dem Erhabenheit, Stille, und Schönheit nebeneinander existieren können und werden.

Das Projekt House of One ist in kurzer Zeit innerhalb der interreligiösen Szene zu einem der wichtigsten und meist debattierten Häuser-der-Religionen-Projekte avanciert. In Europa gibt es derzeit neben dem House of One das Haus der Religionen – Dialog der Kulturen in Bern und das Haus der Religionen in Hannover. Im Entstehen sind Projekte in München[128] und Wien. Einen Überblick bietet der vom Autor dieses Buchs 2022 herausgegebene Band „Houses of Religions"[129].

Das House of One steht an einem historischen Platz in Berlin, dem Standort der früheren St. Petrikirche. Auf dem Grundstück fanden 2007-2009 archäologische Grabungen statt, um die Fundamente freizulegen, die im zukünftigen House of One gezeigt werden. Weiter existieren heute noch Ansichten der Barockkirche des 18. Jh. und der neogotischen Kirche von 1854 (von Strack), sowie der Ruine der letzten Petrikirche von 1951.

Die Regierung der DDR ließ die Kirche in den 1960er Jahren abreißen und einen Parkplatz errichten. Nach der Wiedervereinigung entschloss man sich bei der Rückgabe der Kirche an die evangelische Kirche Berlin, nicht wieder eine Kirche zu errichten, sondern ein Mehrreligionenhaus. Die Idee des House of One wurde von den Seelsorger*innen der evangelischen Gemeinde in Berlin Mitte, der Hizmet-Bewegung in Berlin und dem liberalen jüdischen Rabbiner aufgegriffen.

Bei der Weltausstellung zur Reformation in Wittenberg 2017 wurde ein House of One Pavillon ausgestellt, das Projekt wurde dadurch auch in den Medien bekannter. Den Architekturwettbewerb gewann das Berliner Büro Kuehn Malvezzi. Ein Holzmodell des Gebäudes wird bereits seit 2018 im Victoria & Albert Museum in London gezeigt.

Die philosophische Grundausrichtung stellte Roland Stolte bei der Tagung „Houses of Religions" in München[130] als „die Stellvertretung als strukturell-integrativem Prinzip" vor:

- Stellvertretendes Beginnen der drei sog. „abrahamitischen" Religionen im Lichte der Selbstverpflichtung, andere Religionen in die Nutzung des House of One einzubeziehen,
- Stellvertretendes Beginnen von drei religiösen Basisgemeinden im Lichte der rechtlich bindenden Selbstverpflichtung, auch andere Konfessionen/Denominationen aus den je eigenen Religionen zur Mitwirkung am House of One einzuladen,
- Stellvertretendes Beginnen der Realisierung der House of One-Idee in Berlin im Lichte der Verantwortung im Zuge der Realisierung von nationalen bzw. internationalen Partnerprojekten des House of One (Wilhelmshaven, Bangui, Tbilisi, Haifa).[131]

2021 hat der Bau des House of One begonnen. Veranstaltungen finden an unterschiedlichen Orten bereits seit der Konzeptphase statt und wurden im Kontext des Crowdfunding Programms 2014 mit einer Dialogreihe „Dialog im Fokus" intensiviert.

„One" und die Relevanz der gesellschaftlichen Multiperspektivität

Der Name des Projektes House of One und besonders das „One" regt immer wieder zu Debatten an, welche sich in den Interviews spiegeln und auch in den Gedanken der Interviewteilnehmer*innen sowie der öffentlichen Reaktionen. Das Projekt wurde im Oktober 2011 zunächst als „Bet- und Lehrhaus Petriplatz e.V." gegründet und funktioniert inzwischen als institutioneller Träger des Projekts. Der Name House of One entwickelte sich später.

Die Entstehung des Namens „House of One" führt auf einen Besuch von Dr. Martin Luther King auf seinem Weg zur Verleihung des Friedensnobelpreises an ihn im Jahr 1964 zurück. Bei seinem Besuch in Ost- und Westberlin[132] sprach King vom „einen Welthaus"[133], worauf sich das Konzept des Namens „House of One" bezieht.[134] Das „One" im Namen bezieht sich also eher auf die eine Gemeinschaft der Welt als auf den Einen als Gott. Letztere Deutung taucht allerdings in den Bezugnahmen der Interviews immer wieder auf. Die Deutung bleibt im Vollzug offen.

Das „One" im Namen des Haus of One hat laut der Initiatoren den Bezug zu einem gemeinsam geglaubten Göttlichen. Im Online-Auftritt „Kirche und Leben" heißt es:

> „Der Name ‚Haus des Einen' bezieht sich auf den Glauben der beteiligten Religionen an einen Gott."[135]

Dieser gemeinsame Bezug bedeutet in der Selbstauskunft der Initiatoren aber gerade nicht, dass dies in der gleichen Weise geschieht. Vielmehr gehe es in dem „One" um die Eine Erde, die Eine Menschheit. Mit Blick auf die Theologien der beteiligten Religionen unterstreicht Imam Kadir Sanci die Eigenständigkeit der Religionen bei gezeitigter Offenheit:

> „Was heißt Theologie eigentlich? Die Theologie beschreibt den Glauben, die Existenz und Wahrnehmung Gottes und wie sich das Verhältnis zu ihm zeigt. Wir haben uns verpflichtet, religiös unvermischt miteinander umzugehen. So steht es auch in unserer Charta. Gleichzeitig haben wir eine Offenheit für Theologien im House of One. Wir fixieren uns nicht auf eine neue Theologie, die alle umfassen und für alle gelten soll."[136]

Die entstehenden Räume für Synagoge, Kirche und Moschee unterstreichen dies ebenso wie der „vierte Raum", der dem Dialog und allen Religionen dienen soll.

Die Idee, dass hier gemeinsam zum gleichen Gott gebetet wird, erklärt aber womöglich auch den in den Interviews immer wieder hergestellten Bezug zur Problematik, wie sie in den Bewegungen von einer neuen Religion vergleichbar mit der „abrahamic Religion“[137] entstehen. Die Protagonisten im House of One lesen das „One“ nicht als eine Aufforderung zur einer Einheitsreligion, aber in der Außenwahrnehmung kommen diese Bezugnahmen – wie in den Interviews zu sehen sein wird – durchaus vor.

Der Name House of One wirkt für viele wie die Religionsskizze Douglas E. Hardings[138], bei der die Linien der Religionsströme in einer graphischen Darstellung zusammenlaufen. Die Darstellung bricht aber vor dem Überschneiden der Linien ab. Das entspricht zum einen natürlich der Tatsache, dass wir schlicht nicht wissen, wie die Religionen in der Menschheitsgeschichte genau entstanden sind, zum anderen lässt es aber auch mehr inneren Raum für unterschiedlichste Überzeugungen oder Sehnsüchte nach einer Essenz, einem „One“.

Allerdings sind auch andere, säkulare Lesarten denkbar. Das „One“ kann, aber muss sich in der Lesart der Betrachter*innen nicht auf einen persönlichen Gott oder eine göttliche Dimension beziehen. Es kann auch auf die Gemeinschaft in der Stadt, das Zusammensein der gläubigen Menschen allgemein etc. verweisen. Die Pluralität der sakralen Räume und die Singularität der Referenz „One“ bilden dabei ein Spannungsfeld des Gegenübers, in dem gleichzeitig Akzeptanz und somit eine aus der Spannung der diversen Töne erzeugte Harmonie entstehen kann.

Neben regionalen Debatten und medialer Berichterstattung sind Vertreter*innen des Projektes wichtige Diskussionspartner*innen in vielen Tagungen zum Thema. In dem diesem Abschnitt zugrunde liegenden Artikel sollte das sich seit der Grundsteinlegung[139] am 21. Mai 2021 im Bau befindliche Projekt in seiner Innen- und Außenwahrnehmung untersucht werden, um die unterschiedlichen gesellschaftlichen Perspektiven und Verortungen exemplarisch aufzeigen zu können.

Die Interviews unterschiedlicher Akteur*innen im Innen- und Außenkreis mit thematischem Bezug sowie zwei Straßenbefragungen zeigen unterschiedliche gesellschaftliche Perspektiven auf das House of One-Projekt in Berlin. Die Identifizierung mit gesellschaftlichen Themen des Zusammenhalts und innerreligiösen Themen des religiösen Miteinanders ist im Vorstand sehr hoch und differenziert. Die Vertreter*innen religiöser Gruppen Berlins sehen eher theologische Fragen pastoraler Kooperation und die Stärkung eigener Profile im Vordergrund.

Mitglieder der Stadtgesellschaft oder Personen mit Funktionen auf Landesebene mit Wirkung im Kuratorium haben besonders die mögliche integrative Wirkung und somit die Stärkung des gesellschaftlichen Zusammenhalts im Blick, eine Funktion, die nur im gelungenen Miteinander der Beteiligten auf einer Metaebene sichtbar werden kann.

Die Forschungsinterviews mit Mitgliedern des Kuratoriums zeigen, dass Mitglieder religiöser Träger oder Verbände als Gewinn einen perspektivischen Blick der Religionen auf religiöse Themen erhoffen und den intensiveren Dialog der Religionen wünschen, während Vertreter*innen der Politik, Kultur und des gesellschaftlichen Dialogs eher in interreligiöser Kooperation eine Antwort auf die Herausforderungen einer pluralistischen Gesellschaft erwarten, wie etwa die Bekämpfung antisemitischer Tendenzen in der Gesellschaft und die Förderung des gesellschaftlichen Zusammenhalts.

Die Teilnehmer*innen der Straßenbefragung kennen das House of One kaum, hoffen und denken aber eher auch in Richtung positiver Botschaften des gesellschaftlichen Zusammenhalts.

In einer Straßenumfrage wurden insgesamt 100 Personen im Alter von 20 bis 90 Jahren an unterschiedlichen Plätzen befragt.[140] 17% der Befragten kannten das House of One, davon 1 Mann und 16 Frauen. 38 Männer und 43 Frauen hatten noch nicht von dem Projekt gehört. Zwei Befragte, die „divers" angegeben hatten, kannten das House of One ebenfalls nicht. Interessanterweise kannten allerdings einige muslimische Befragte das Abrahamitic Family House in Abu Dhabi[141]. Die Interviewenden gaben an, dass einige sehr interessiert waren und sich sofort per Mobiltelefon informierten, aber eben erst durch die Straßenumfrage vom House of One gehört hatten. Viele der befragten Personen waren aber vermutlich Touristen, etwa ein Drittel der Interviews habe auf Englisch stattgefunden.

Die Ergebnisse zeigen, dass die Selbsteinschätzung eines der „Gesichter" des House of One, Pfarrer Gregor Hohberg, recht realistisch ist: Je weiter die Perspektiven sich selbst eher in der Gesamtgesellschaft verankern, wie etwa die Mitglieder des Kuratoriums, desto eher sind interreligiöse Aktivitäten als Friedenszeichen und „gesellschaftlicher Kitt" erwünscht. Je eher die Perspektive sich in einer konkreten Religion oder Tradition verortet, desto mehr kommen Fragen des Boundary Managements (Gritt Klinkhammer) und der Auswirkung auf die eigene Praxis in den Blick. Das House of One bespielt, so der gewonnene Eindruck, drei Erwartungen:

- Stärkung des gesellschaftlichen Zusammenhalts für die Gesamtgesellschaft,
- Beheimatung partizipierender Gemeinden und
- Symbol der Offenheit der Berliner Stadtgesellschaft.

Beachtenswert ist noch, dass in religiösen Kreisen die Außenwahrnehmung von denjenigen, die als religiöse Player eine thematische Verbindung zum House of One sehen können, der Bekanntheitsgrad und auch die Akzeptanz relativ hoch sind.

Die Presse äußert auch vereinzelt Kritik, so vermerkte der Tagesspiegel in einem Artikel vom 26. Mai 2019 kritische Stimmen[142] gegenüber der Beteiligung eines Imams der Gülen-Bewegung und Beziehungen eines der Geldgeber zu Hamas, sowie Bedenken der Anwohner*innen wegen zukünftiger muslimischer Präsenz durch das Projekt. Insgesamt aber ist sowohl in diesem Artikel wie auch in vielen anderen Pressestimmen ein weitgehend positives Echo zu verzeichnen.

Die zukünftige Funktion von Religion ist, so könnte man das Ergebnis lesen, eine der Kooperation, um gesellschaftliche Diversitäten und plurale Strukturen wahrzunehmen, aber positiv für die Gesamtgesellschaft fruchtbar zu machen.

Hier ist eine Möglichkeit die Verschränkung der Ebenen, um die religiösen und gesellschaftlichen Interessen voranzutreiben. Während in den Interviews immer wieder aus innerreligiöser Perspektive die Notwendigkeit der Differenzierung und des Wertschätzens und Lebens der Unterschiede sowie deren theologische Darstellung im Dialog betont wird, zeigt die gesellschaftliche Ebene besonderes Interesse an interreligiösen Begegnungen, bei denen die Religionen gemeinsam auftreten und mit einer Stimme sprechen, etwa für „den Frieden“.

Das interreligiöse gewünschte Setting der Zivilgesellschaft spiegelt sich – so man es so lesen will – im Namen wider, die Einheit in der Vielfalt als interreligiöse Aufgabe. Der Name spiegelt aus manchen Perspektiven aber auch die Sorge eines „anything goes“ wider, das zu einer Vermischung führen könnte. Während diese für die Gesamtgesellschaft keine Bedrohung darstellt, wäre es für viele religiöse Akteure ein Grund, das Projekt abzulehnen. Die Aufgabe des House of One wird auch in Zukunft und im Betrieb des fertigen Gebäudes die kontinuierliche Arbeit an der Balance dieser Pole sein. Innen- und Fremdwahrnehmung zeigen so bereits heute jene positive Spannung, die als interreligiöser Impuls für eine Stadt wie Berlin sicher wünschenswert und förderlich ist.

Ob das House of One eine Religionsform der Zukunft darstellt, kann an dieser Stelle nicht beantwortet werden. Die Debatten um das im Bau befindliche Projekt zeigen allerdings die nicht nur physischen notwendigen Baustellen auf, die zu bewältigen sind.

Das in Bern bereits seit 2014 existierende „Haus der Religionen/Dialog der Kulturen“ kann bereits auf vielfältige Erfahrungen zurückblicken und zieht eine weitgehend positive Bilanz. Ein Aspekt hier sei die positive Wahrnehmung durch die Stadt Bern, die das Haus als Vorzeigeprojekt immer wieder in offizielle Delegationsbesuche einbaut. Die gesellschaftliche Akzeptanz sei sehr hoch, was sich besonders auch in der Bearbeitung eines Vorfalls von Zwangsheirat zeigte, der ohne Wissen der Hausleitung und des für die im Haus befindlichen Moschee zuständigen Imams durchgeführt wurde und von allen Seiten in Kooperation mit den Behörden bearbeitet wurde. Dieser Stresstest[143] zeigt die gute gesellschaftliche Akzeptanz.

Neben anderen Projekten ist das Abrahamitic Family House in Abu Dhabi besonders spannend.[144] Nach dem Impuls durch die Unterzeichnung des Dialogdekrets der Trägerorganisation *Human Fraternity* mit Papst Franziskus im Jahr 2019 wurden in kürzester Zeit eine Moschee, eine Kirche und eine Synagoge auf einem gemeinsamen Campus im Jahr 2023 fertig gestellt. Die von der Regierung geförderte Dialogplattform ist, auch wenn einige das Projekt als Feigenblattdialog bezeichnen, zu begrüßen, da es gesellschaftliche religiöse Pluralität innerhalb des Stadtbildes prominent sichtbar macht, selbst wenn dies durch eine *self fulfilling prophecy* geschehen sollte.

Allein die Tatsache, dass in Wien, München, Stockholm, New York, Hannover, Taipeh und anderen Orten Mehrreligionenhäuser entstehen, teilweise fertig gestellt oder in Planung sind, zeigt an, dass die Religion der Zukunft in einer Suchbewegung neuer Materialität ist, neue Konzepte und damit auch religiöse Funktionsweisen durch Stadtbauarchitektur umgesetzt werden.

Sollte sich diese Einschätzung als richtig erweisen, so wäre in Metropolen für die Religion der Zukunft ein bereits sichtbares Vorzeichen zu sehen.

Interreligiöse Orte und Rituale als „Kitt der Gesellschaft“

Böckenförde verwendete sein berühmtes Diktum bereits in einem Vortrag 1964 und verschriftlichte es dann 1967 im Artikel „Die Entstehung des Staates als Vorgang der Säkularisation“ in „Recht, Staat, Freiheit“ (2006): So stellt sich die Frage nach den bindenden Kräften von neuem und in ihrem eigentlichen Kern: Der freiheitliche, säkularisierte Staat lebt von Voraussetzungen, die er selbst nicht garantieren kann.[145]

Der Aufsatz wendete sich zunächst an christliche Leser*innen, denen Böckenförde (noch vor dem Konzil) verdeutlichen wollte, wie sich der säkulare Staat entwickeln würde. Gleichzeitig warf er die Frage auf, woher die ethische Bindungskraft kommen sollte, wenn die Kirche(n) dies nicht mehr als Staatskirche(n) tun könnte(n).

Nach Kritik und Anfragen, ob Religion nicht überbewertet werde, konkretisiert Böckenförde in einem Interview mit der Frankfurter Rundschau 2010:

> „Vom Staat her gedacht, braucht die freiheitliche Ordnung ein verbindendes Ethos, eine Art ‚Gemeinsinn‘ bei denen, die in diesem Staat leben. Die Frage ist dann: Woraus speist sich dieses Ethos, das vom Staat weder erzwungen noch hoheitlich durchgesetzt werden kann? Man kann sagen: zunächst von der gelebten Kultur. Aber was sind die Faktoren und Elemente dieser Kultur? Da sind wir dann in der Tat bei Quellen wie Christentum, Aufklärung und Humanismus.“[146]

Der in den späten 1960er Jahren bereits wahrgenommene Wertewandel wurde oft auch als Werteverfall[147] bewertet. Die Debatte findet sich auch in Habermas Überlegungen zur Rolle der Religion in der Gesellschaft.[148]

Michael Haus weist darauf hin, dass viele Lernprozesse, die auf Gemeinsamkeiten verweisen, einen Grundkonsens durch Debatten und dergleichen in der Gesellschaft bieten könnten.[149] Die Rolle der Religion sieht er kritisch, wenn er darauf verweist, dass Religionen aufgrund ihres Absolutheitsanspruches eine eigene, sozusagen „absolute“ Interessenvertretung betreiben würden:

Schließlich stiftet die Offenheit auf Transzendenz hin auch eine kreative Perspektive der Selbsttransformation demokratischer Gemeinschaften. Aus diesen Elementen lässt sich ein mehr oder weniger kohärentes und umfassendes Bild der möglichen Funktion der Religion auch in der modernen Demokratie gewinnen, welches der Tocquevilleschen Lesart des Böckenförde-Paradoxons Konturen zu verleihen vermag. Zugleich gilt, dass sich Religion, wie wir sie kennen, in keinem der Ansätze problemlos in die jeweils beschriebenen Kategorien einpasst und der zugewiesene Ort ein ungemütlicher bleibt. Wenn religiöse Organisationen advokatorische Interessenvertretung betreiben, ergreifen sie zugleich Partei und sehen sich dem Vorwurf ausgesetzt, ihr Auftrag sei kein genuin politischer. (Haus 2003, 63)

So entsteht hier bereits ein Gedanke, der sich im Laufe der letzten Jahre zugespitzt hat: Wenn Religionen im Singular auftreten, werden sie inzwischen häufig als störendes Element der Gesellschaft gelesen, besonders dann, wenn volkskirchliche Elemente nicht mehr gelesen oder politisch vereinnahmt[150] werden. Religionen, die im öffentlichen Raum im Singular aktiv werden, wirken für viele missionarisch.

Weltweit bekannt ist die Bibelverteilung des Gideon-Bundes.[151] Aus der ursprünglichen Idee, in Eingangsbereichen von Hotels Bibeln auszulegen, wurde eine Aktion für Bibeln in jedes Hotelzimmer, die den missionarischen Bund bekannt machte. Positiv wird häufig anerkannt, dass mit den Bibeln keine konkrete Missionierung für eine Kirche einhergeht.

Beispiel für eine, auch für viele Muslime/Muslimas, sehr nachteilige Aktion war das Verteilen von kostenlosen Koran-Exemplaren im Zuge der von 2012 bis zu ihrem Verbot am 15. November 2016 stattfindenden „Lies-Aktion“. Das Verteilen der Korane war mit Kontaktwerbung für dschihadistische Organisationen verbunden und wurde deshalb vom deutschen Verfassungsschutz untersagt.[152]

Gerade der evangelikale Protestantismus, etwa in Südkorea[153], kann als ein weiteres Beispiel gelten. Gegenüber dem Islam, aber auch den Buddhist*innen[154] werden Feindbilder geschürt.

Proteste gegen Glockengeläute lassen sich in Deutschland, Österreich und der Schweiz zwar meist vereinzelt, aber stetig aufzeigen. Gegenüber muslimischen Gebetsrufen besteht in Europa fast eine Art Konsens der Ablehnung, allerdings wurde in Köln in gewissem Umfang ein solcher Ruf erlaubt.[155]

In U-Bahnen lautstark mit Megafon missionierende Christ*innen in Südkorea, die buddhistische Mönche anpöbeln[156], werden von den meisten Umstehenden zwar geduldet, aber nicht unterstützt.

Die Beobachtungen legen – wie oben am Beispiel der Häuser der Religionen ebenso dargelegt – nahe, dass singulär aktive Religionen in vielen Teilen der Gesellschaft als störend empfunden werden, gemeinsam interreligiöse Auftretende aber eher als friedensstiftend und die Beziehungen der ganzen Gesellschaft fördernd wahrgenommen werden. Eine empirische Untersuchung dieser These wird derzeit umgesetzt.[157]

Ein einleuchtender Grund für die Störfunktion singulär aktiver Religion in einer pluralen Gesellschaft ist das Wissen um historische Formen der Missionierung, die oft mit politischer Macht einhergingen. Das Grundproblem liegt allerdings in einer theologischen Debatte: Wenn eine Religion für sich absolute Wahrheit behauptet, dann müsste sie aus logischen Gründen weniger wahre Religionen ablehnen, woraus eine Spaltung und letztlich die Zersetzung einer pluralistischen Gemeinschaft resultieren würde, so der Generalverdacht. Thesen, die gerade monotheistische Religionen in dieser Lesart verstehen, gibt es. Eine der prominentesten Lesarten entwirft Jan Assmann in „Mose der Ägypter“:

> „Die sogenannten monotheistischen Religionen sind intrinsisch gewalttätig, die sogenannten polytheistischen Religionen sind intrinsisch friedfertig.“ Assmann (2000, 69)

Selbstverständlich wurde diese These auch vielfältig kritisiert und ist in sich selbst noch kein Argument für die oben artikulierte Hypothese, dass allein agierende Religionen als problematisch wahrgenommen werden. Allerdings zeigt sich, dass im kollektiven Gedächtnis der Gesellschaft vor allem geblieben ist, dass die abrahamitischen Religionen eine Gewaltbereitschaft zeigen, da sie monotheistisch sind. In Verbindung mit Nachrichten von Gewalt, die hinduistischen (Indien, Hindutva) oder buddhistischen

Kräften (Sri Lanka, Myanmar) zugeordnet wird, erklärt sich die Wahrnehmung, dass jede Religion ein problematisches Gewaltpotenzial besitzt. Diese Wahrnehmung ist also ein Produkt, das sich aus der Vernetzung unterschiedlicher globaler Informationen ergibt.

Wie können die Religionen diesen Gewaltpotenzialverdacht umkehren? Das Argument des monotheistischen Gewaltpotenzials bündelt sich meist in der Aussage, dass so geprägte Religionen philosophisch nicht pluralismusfähig[158] seien und aufgrund der Absolutsetzung des eigenen Gottes andere und auch anderslautende Lehren als häretisch einstufen müssten.

Ablehnende Aussagen gegenüber anderslautender Lehre, im Extremfall in exklusivistischer Argumentation, betreffen konkrete Mitglieder der Gesellschaft, die dann zunächst verbal ausgegrenzt werden. Oft ergibt sich daraus auch weitergehende Diskriminierung. Der Antijudaismus Europas, der schließlich zum Antisemitismus wurde, aber auch antibuddhistische Haltungen von evangelikalen Kirchen in Südkorea sind hier Beispiele, die zeigen, dass eine philosophische oder theologische Argumentation gegen „Andere" die Gesellschaft gefährden kann.

Wenn hingegen ein gemeinsames Anliegen von wichtigen Vertreter*innen der Religionen in den Vordergrund gestellt und gemeinsam dafür agiert wird, entsteht eine in der Lesart der Gesellschaft neue Hierarchie der Wahrheiten. Das gemeinsame gesellschaftliche Wohl ist auch den Vertreter*innen der Religionen mehr wert als der „Sieg der eigenen Wahrheit". Daher werden religionstheoretische, theologische oder dogmatische Differenzen nicht aktiv negiert, aber sie sind im Moment der gemeinsamen Aktion nicht „wesentlich", stören den gemeinsamen Fokus nicht. Der Samboilbae, ein ökologisches Pilgerprojekt in Südkorea[159], bei dem sich Pilger*innen aus verschiedensten Religionen unter der Führung eines buddhistischen Mönches, eines katholischen Pfarrers und protestantischen Pastors verbeugten, ist ein spannendes Beispiel dafür, wie gemeinsame Performanz für eine Sache die bestehenden inhaltlichen Differenzen anders setzen kann. Der Pilgerweg zog sich in Korea von Küste zu Küste und war eines der prägendsten interreligiösen Ereignisse des Landes im Jahr 2003.

Die Beteiligten solcher Rituale geben neben politischen, sozialen oder spirituellen Motiven häufig auch an, dass das gemeinsame Handeln auf eine gemeinsame Essenz[160] der Religionen verweisen würde.[161] Aber selbst wenn die Beteiligten im Gegenstand der Einigung, wie etwa der Einsatz für den Frieden oder das Ökosystem, nicht gleich einen Verweis auf die absolute Essenz ihrer Religion sehen, so entkräftet und entmachtet die Akzeptanz, dass mehrere Religion sich auf die Wichtigkeit des Anliegens einigen können, zunächst vor allem das Argument, die „Anderen" lägen per se falsch. Denn: Zumindest in dem Anknüpfungspunkt der interreligiösen Aktion gibt es ja Einigkeit. Viele sehen in der Tatsache, dass es ja schließlich Menschen seien, die sich hier um etwas bemühen, also im genuin Menschlichen, den eigentlichen gemeinsamen Bezugspunkt. Wenn über ihn ein inhaltlicher Dialog zu einigen Punkten, wie Friede, Ökologie etc. gelingt, dann besteht gleichzeitig ein inhärentes Argument, dass auch andere Übersetzungen zwischen den betreffenden Religionsphilosophien möglich seien.

Interreligiöse Wende und Anti-Vietnamkrieg-Demonstrationen[162]

Die Kolonialisierung führte zu einer starken Präsenz verschiedenster christlicher Denominationen in den Missionsländern. Durch ihre Gleichzeitigkeit und offene Konkurrenz schwächten sie die Plausibilität der eigenen Botschaft. In den Missionskonferenzen[163] entstand so der Beginn der ökumenischen Bewegung und darüber auch eine erste interreligiöse Wahrnehmung.

Verschärft durch die Katastrophe des Holocausts begann die katholische Kirche während des Zweiten Vatikanums, ihr Verhältnis zu den anderen Religionen neu zu definieren und mit „Nostra Aetate" in einer Logik konzentrischer Kreise zur eigenen Wahrheit die Wahrheiten der anderen Religionen in einigen Aspekten zu bestätigen. Die ebenfalls nach dem Zweiten Weltkrieg entstanden Vereinten Nationen boten die säkulare Plattform für eine transnationale Idee, die die Hoffnung eines friedlichen Miteinanders aussprach. Dieser Ruf nach Frieden unter den Nationen (z.B. im Gebet der Vereinten Nationen) wurde bald auch von den Religionen erwidert.

Einen besonders intensiven Impuls erhielt die Spiritualität als eigene Größe im Kontext bestimmter Religionen – und diese transzendierend im Zuge des Vietnamkrieges und der Friedensbewegung. Der vietnamesische Zen-Mönch, Dichter und Friedensaktivist Thich Nhat Hanh kam im Zuge seiner Bemühungen 1961 in die USA und traf dort mit Martin

Luther King, Thomas Merton, David Steindl-Rast und anderen christlichen Friedensaktivist*innen zusammen. Die gemeinsame Gesinnung der Friedensbewegung suchte ihre philosophischen und religiösen Wurzeln in den Ideen zusammenströmender Welten der Theosoph*innen, der Advaita-Philosophie eines Vivekanandas (1863-1902), des Zen, des Yogas und der Bergpredigt sowie der Sufis, die in die USA gekommen waren. So kam es zu einem Sprechen von buddhistischer und christlicher Spiritualität, wobei die Spiritualität selbst bald eine Art gemeinsamen Nenner für die politisch wie religiös motivierten Suchbewegungen dieser Generation bot.

Dabei waren auch in der Friedensbewegung die Netzwerke und interreligiösen Verbindungen der Religionen ein wichtiger Baustein.[164] Besonders eindrücklich zeigt sich dies in den Briefen Mertons[165] und seiner Korrespondenz mit Abdul Aziz (Islam), Amiya Chakravarty (Hinduismus), John Wu (chinesische Religionen), Abraham Heschel (Judentum), D.T. Szuzuki (japanischer Zen-Buddhismus), Glenn Hinson (Baptist), June Yungblut (Quäker) und Thich Nhat Hanh (vietnamesischer Zen-Buddhismus) und anderen.

Die Entgrenzung und Globalisierung des Spiritualitätsbegriffes ermöglicht es so, unter dieser Perspektive den friedensfördernden Aspekt, hier am konkreten Beispiel des Vietnamkrieges, hervorzubringen und zu unterstreichen. Dies förderte in gewisser Weise auch Formen von Religionstheologie, die mit der Pluralität von Religion anders umgehen, als die Theologie der Religionen oder die komparative Theologie. Dies führte zu innerreligiösen Debatten im Christentum, aber auch in anderen Religionen. Neben liberalen Zweigen, die interreligiös aktiv sind, entstanden in den Religionen auch in Gegenreaktion neokonservative Richtungen, die einen Dialog rundweg ablehnen oder nur unter bestimmten Voraussetzungen in interreligiöse Dialoge eintreten.

Die wachsende Zahl von Menschen, die sich nicht unbedingt einer konkreten Religion zuordnen würde, aber sich selbst als spirituell empfindet, tut sich meist leicht, an interreligiösen Veranstaltungen zu partizipieren.

Religion der Zukunft in interreligiöser Funktion?

Was bedeutet die Analyse der interreligiösen Friedensbotschaft im Kontrast zur singulären Störung von Religion (Speerspitzen- vs. Netzwerk-These zur Wirkung von Religion) für die Religion der Zukunft? Wie reagieren religiöse Organisationen auf die interreligiöse Anfrage der Gesamtgesellschaft bei gleichzeitiger Ablehnung von zu starkem Einzelauftritt?

Konsequenzen für die Identität – Religion nach der Metaphysik im „schwachen Denken"?

Religionen bildeten bisher ihre Identität durch den Verweis auf „starke Texte", wie etwa ein Credo, die Gebote, die edlen Wahrheiten, die Upanischaden. Im westlichen Denken entstand daraus eine Metaphysik der „Ewigen Wahrheit", die zunächst durch die Aufklärung in ihren Grundfesten erschüttert wurde. Santiago Zabala beschreibt diese Bewegung in seiner Einführung zum Gespräch von Richard Rorty und Gianni Vattimo aus einem für unser Anliegen interessanten Blickwinkel:

> „Aus der Perspektive der Wiederkehr der Religion scheint die Prominenz der Hermeneutik in der zeitgenössischen Kultur den historisch bislang stärksten Hinweis darauf zu liefern, dass der Weg zum Heil nicht über Beschreiben und Wissen führt, sondern über Interpretation und Bildung. Die bedeutende Rolle von Begriffen wie ‚Kommunikation', ‚Globalisierung', ‚Dialog', ‚Konsens', ‚Interpretation', ‚Demokratie' und ‚Nächstenliebe' in unserer Kultur ist kein Zufall, sondern zeigt eine Bewegung des modernen Denkens dahingehend an, Wahrheit eher als Nächstenliebe den als Objektivität zu begreifen."[166]

Diese Veränderung in der Wahrnehmung von Wahrheit hat Konsequenzen für die Identität religiöser Organisationen. Ein wichtiger Faktor ist die Anerkennung der Fraktalität, die nur durch Kommunikation möglich ist.

Anerkennung der Fraktalität als Voraussetzung für Navigationstauglichkeit

Die Schaubilder der Religionen stellen sich oft als immer weiter verzweigende Bäume dar, die sich aus den drei Stämmen der abrahamitischen, indischen und chinesischen Religionen entwickelt haben. Diese oft verwendete Darstellung übersieht nicht nur die vielfältigen und dabei höchst unterschiedlichen Stammesreligionen, sondern auch die größeren, aber „verstorbenen“ Äste des Baumes. Solche Bilder suggerieren ebenfalls eine Art gemeinsame religiöse Wurzel.

Wir wissen nicht wirklich viel darüber, wie sich die religiöse Pluralität im Laufe der Zeit entwickelt hat. Vieles spricht dafür, dass sich neben den vielfach um Ethnien und Stämme kreisenden Religionsformen immer wieder große Religionsformen entwickelt haben, oft aus einer der ethnischen Gruppen heraus, meist in Verbindung mit politischen Systemen, Königreichen und später Staaten. Spirituelle Influencer, religiöse Führer, das, was oft mit „Religionsstiftern“ bezeichnet wird, spielen in dieser frühen Phase eine wichtige Rolle. Einige Bewegungen, oft als Weltreligionen bezeichnet, haben sich über viele Regionen verbreitet. Große Religionen splitteten sich im Laufe ihrer Existenz immer wieder auf. Die Unterschiede hier lassen sich, wie Schmidt-Leukel richtig feststellt und dies als Fraktalität benennt, auch zwischen und innerhalb der Religionen aufzeigen.

Der Prozess der Lebens-Weg-Navigation des Einzelnen ist durch diese Fraktalität einerseits mit einer Diversifizierung der Sinnkarten konfrontiert, andererseits gibt es unzählige Verknüpfungen und Überlappungen der Sinnkarten, die dadurch leichter in eine für die spirituelle Identität notwendige saliente Sinnkarte überführt werden können.

Die Verbindung der Interreligiosität, die im schwachen Denken schon betont wird, muss an einem bestimmten Punkt, in einer konkreten Phase entstanden sein. Für das Christentum ist die Erklärung der katholischen Kirche „Nostra Aetate“ die erste und damit auch für andere Kirchen[167] hier wegweisend. „Nostra Aetate“ entstand aus der Not heraus – als Reaktion auf den Holocaust und in Vermittlung anderer Religionen mit dem Vatikan. Dies ist ein Hinweis darauf, wie die gegenseitige interreligiöse Akzeptanz der Fraktalität – so kann „Nostra Aetate“ auch gelesen werden – in einer stabilen Gesellschaft die Chancen erhöht, in einer pluralen Gesellschaft weiterzukommen.

Wenn Bastionsreligiosität durch das Erzeugen von Grenzen Verbindungen aktiv verhindert oder dies auch traditionelle Strukturen schon tun, wie durch das Aufstellen von Ernährungs- oder Verhaltensregeln, das Verdecken oder Kleiden, ist dies natürlich ein Markieren von Identität. Das hat einerseits eine Stärkung der Identität zur Folge, verhindert aber andererseits in gewisser Weise auch interreligiöse Struktur und das Finden von Anknüpfungspunkten. Wenn der Dialog, der notwendig ist, um Anknüpfungspunkte des interreligiösen Lernens zu finden, um fraktale Strukturen aufdecken zu können, durch Verhaltens-Codices verhindert wird, dann werden die fraktalen Strukturen, die eine gesamtgesellschaftlich notwendige interreligiöse Vernetzung ermöglichen, verdeckt und die Vernetzung dadurch erschwert oder verhindert. Damit können die betroffenen Gruppen oder Religionen den notwendigen Beitrag nicht mehr leisten und werden in Folge von der Gesamtgesellschaft eher abgelehnt. Die Speerspitzen- vs. Netzwerk-Hypothese geht dann davon aus, dass die Gesamtgesellschaft, falls ein Netzwerk durch interreligiöse Kooperation unwahrscheinlich ist, sich vor der Speerspitze schützen muss.

Die interreligiösen Veranstaltungen, die die säkulare Gesellschaft als „Kit der Gesellschaft" liest, zeichnen sich allerdings oft durch eine Sichtbarkeit der Verschiedenheit aus. Es geht nicht darum, die Unterschiede oder Verschiedenheit der Fraktale zu nivellieren, sondern darum, die Komplementarität der Fraktale durch Interreligiosität sichtbar zu machen.

Bastions-Spiritualitäten und Religionen, die sich auf solche berufen, schaffen eine starke Basis mit Identitätsmarkern, die es Menschen in Krisensituationen erlauben, sich zu verankern. Religionen mit hoher fraktaler Komplementärstruktur, die diese sichtbar machen, erfordern eine hohe Ambiguitätstoleranz ihrer Mitglieder gegenüber der Diversität. Beide Komponenten gemeinsam fördern den gesellschaftlichen Zusammenhalt. Die Strukturform „Religion" ermöglicht eine Verbindung von neoorthodoxer Bastionsstruktur mit fraktaler Komplementärstruktur.

Die Gesellschaften benötigen Symbolträger*innen, die ethische Verhaltensprinzipien darstellen und vorleben. Bisher haben oft Religionen diese Aufgabe erfüllt. In dem Maße, in dem sie diese Aufgabe in der bisherigen Form nicht mehr erfüllen können, wird deutlich, dass sowohl spirituelle Systeme, die auf Fraktalität zielen und etwa interreligiöse Veranstaltungen organisieren, als auch die Formen von Religion diese Funktion nicht im Alleingang erfüllen können. Die Religion von morgen ist herausgefordert, hier eine Symbolsprache zu entwickeln, mit und in der beide Formen zukünftige Religiosität repräsentieren können.

Konsequenz für mögliche Formen von Religion: zwischen neokonservativer Bastionsspiritualität oder mettadialogischer Fraktalität

Die bisherigen Überlegungen scheinen vier Formen von Religion in je spezifischer Weise zu betreffen: neokonservative Bastionsspiritualität, volksreligiöse Strukturen, Formen von Melange-Spiritualität und mettadialogische Fraktalität im Sinne eines „schwachen Denkens", das die Beziehungen selbstloser Liebe (Metta) der Netzwerke betont und dabei fähig ist, auf die sich anbietenden Anknüpfungspunkte der Fraktale unterschiedlicher religiöser und spiritueller Systeme und Bewegungen einzugehen.

Neokonservative Bastionsspiritualität

Es gibt Anzeichen, dass diese Formen, egal ob in christlichen charismatischen Bewegungen oder in Formen von Neohinduismus oder auch islamistischen Strömungen, phasenweise im Aufwind sind. Sie bieten den Menschen einen sicheren Hafen auf Kosten der Trennung von Andersdenkenden.

Volksreligiöse Strukturen

Volksreligiöse Strukturen verändern sich an vielen Orten durch Prozesse der Säkularisierung und Urbanisierung: Traditionen weichen auf, Rituale dünnen aus oder verschwinden. Allerdings entstehen neue lokale volksreligiöse Strukturen da, wo durch Migration diese Form von Religion hilft, Heimat und Identität zu erlangen, zu erhalten oder aufzubauen. Viele Moscheen in Österreich, Deutschland und der Schweiz sind ein Beispiel dafür, aber auch asiatisch-buddhistische Zentren, wie etwa Thai-Tempel.[168] Auch Expertcommunities, wie es häufig die muttersprachlichen Gemeinden der Kirchen oder Communities anderer Religionen im Ausland sind, gehören dazu. Hier spielen Traditionen der Volksreligiosität, wie etwa Weihnachtsfeiern, Fastenbrechen im Ramadan oder Veshak-Feste eine große Rolle. Dabei geht es neben religiösen oder spirituellen Inhalten der Feste besonders auch um das Gemeinschaftsgefühl einer Sprach- und Volksgruppe oder Community.

Für die Religionsform der Zukunft scheint Volksreligiosität eher in Teilaspekten, wie der Migrationsarbeit, eine große Rolle zu spielen, die

Bedeutung für die Gesamtbevölkerung pluraler Gesellschaften aber eher abzunehmen.

Melange-Spiritualität

Auf subjektiver Ebene sind Melange-Spiritualitäten in Zukunft mit großer Wahrscheinlichkeit der Normalfall. Sie sind aktiv erworbene Lebens-Weg-Navigationen, die sich mit einer spirituellen Anamorphose kraftvoll und wirksam für die und den Einzelne*n erwiesen haben. In mehreren Studien wird trotz oft kommunizierter Distanz zu Religion, etwa durch Vertreter*innen der SBNR, betont, dass sich Menschen eine Gruppe wünschen, in der sie verstanden werden und sich austauschen können.[169] Interreligiöse Gruppen, themenbezogene spirituelle Bewegungen, etwa zur Ökologie, oder Mehrreligionenhäuser bieten eine Form von Religion oder Formen mit Bezug zu Religionen, in denen sich Menschen mit Melange-Spiritualität wohlfühlen können.

Mettadialogische Fraktalität

Metta meint hier die selbstlose Liebe. Mettadialogisch bedeutet also, dass sich Menschen um der (liebevollen) Beziehung willen in Beziehung setzen können. Die Fraktalität von Religion bietet hierzu die notwendigen Anknüpfungspunkte. Auf der Ebene des Subjektes sind diese in den verschiedenen Ebenen der Sinnkarten, auf der Ebene von spirituellen Gruppen, in denen die Themen gefunden und gemeinsamen Anliegen, wie Frieden oder Ökologie bearbeitet werden. Eine mettadialogische Fraktalität führt dazu, dass sich unterschiedliche Menschen mit ganz diversen spirituellen Hintergründen zu großen Bewegungen zusammenschließen und sich dann für ein gemeinsam als notwendig erachtetes Anliegen, wie ökologische Veränderungen oder Friedensbemühungen, engagieren. Der Vietnamkrieg und die Demonstrationen um seine Beendigung haben mit dazu geführt, dass sich völlig unterschiedliche Genres und Gruppierungen von einer „Peace-Spirituality" angesprochen und getragen fühlten. Dies hat mit zur Globalisierung des Begriffs Spiritualität geführt.

Mettadialogische Fraktalität ermöglicht es Menschen, sich im Moment, in einem konkreten soziohistorischen Kontext, auf einen (für sie) wesentlichen Aspekt zu konzentrieren.

Eine Religionsform der Zukunft muss – wie auch immer ihre Struktur ist – mit diesem Aspekt gut wertschätzend, tragend und begleitend umgehen können, da sie einen wesentlichen Teil religiöser Struktur von Morgen sein wird.

Die Netzwerk-Schirm-Religion

Eine mögliche Struktur von Religion in der Zukunft sind Netzwerk-Schirme. Die Teile des Netzwerkes sind unterschiedliche Teilgruppen, die alle Formen der oben genannten beinhalten können. Spirituelle Gruppen, liberale, neokonservative und auch volksreligiöse Communities können ebenso wie religiös-ethnischen Verbände Teil einer Netzwerkstruktur sein, die sich aus Gründen der Sichtbarkeit und Wahrnehmung unter einem Religions-Schirm verbinden. Die so entstehende Form von Religion kann Netzwerk-Schirm-Religion genannt werden, da ihre Grundform ein Netzwerk ist, welches durch eine Schirmorganisation eine Sichtbarkeit nach außen erhält, ohne dass die Netzwerkteile ihre Autorität und Selbstständigkeit ganz aufgeben müssen.

Beispiele solcher Netzwerk-Schirm-Religionen gibt es bereits, z.B. die Deutsche Buddhistische Union oder die Verbandsvertretungen der Muslime. Der Unterschied zu Religionsformen wie von Staaten anerkannten Kirchen ist die Funktion der Vertretung nach außen dieser Religionsorganisationen. In staatlicher Anerkennung wären etwa die Österreichische Buddhistische Religionsgesellschaft (ÖBR, anerkannt seit 1983) oder die Islamische Glaubensgemeinschaft in Österreich (IGGiÖ, seit 1912, 2001) ein Beispiel. Gemeinsam ist den Netzwerken, dass sie über Inhalte und Themen verbunden sind, die einzelnen Gruppen des Netzes aber sehr autark sein können. Rituale und Ausformungen, ja sogar Inhalte sind nicht absolut „gleichgeschaltet“. Historisch sind diese Netzwerke häufig durch verschiedene äußere Zuströme, wie muslimisch geprägte Migrant*innengruppen oder verschiedene buddhistische Orden und Linien aus unterschiedlichen Teilen Asiens, entstanden. Diese Gruppen erhoffen sich durch einen Zusammenschluss, der nach einer Vernetzung erfolgen kann, eine größere Sichtbarkeit und damit Anerkennung von und nach außen. Ein symbolisches Beispiel hierfür wäre die „Erfindung“ eines buddhistischen Bekenntnisses[170] der Deutschen Buddhistischen Union für den Zwecke der Förderung der Anerkennung als Körperschaft des öffentlichen Rechts in Deutschland. In der ersten Phase wurde sehr intensiv über dieses Bekenntnis diskutiert, nicht alle Gruppen konnten sich darin wiederfinden. Die Vertretung der DBU hat keine Leitungsfunktion im Sinne religiöser Führung, denn diese obliegt den geistlichen Leiter*innen in den Gruppen, meist sind dies (noch) asiatische Lamas und Meister*innen. Durch die Missbrauchsfälle entstand aber eine neue Funktion der DBU, das Netzwerk und die Schirmfunktion mussten gestärkt werden, um die Integrität des Buddhismus zu stärken bzw. wieder herzustellen und es wurde eine Dokumentationsrolle übernommen sowie Ethikrichtlinien für Meister*in-Schüler*in-Beziehungen etabliert. Man könnte hier von einer „Religionisierung" des Netzwerkes und damit einer Stärkung des Schirms sprechen. Diese war möglich, da diese konkrete Funktion dem Netzwerk als Ganzem dient.

Die oben beschriebene Situation der Gruppenpolarisierung zwischen neokonservativer Bastionsspiritualität, volksreligiöser Strukturen, Formen von Melange-Spiritualität und mettadialogischer Fraktalität fördert einerseits die Diffusion der Gruppen, andererseits stärken diese aber vermutlich durch in demokratischen Prozessen gewählte Leitungsgremien und deren Vertreter*innen in themenbezogenen Dialoge ihre Vernetzung und ermöglichen so neue Schirmstrukturen.

Die bisherigen durch autoritäre Ernennungsstrukturen eingesetzten Funktionsträger*innen verbleiben vermutlich in ihren Funktionen, aber entweder als Vertreter*innen einzelner Gruppen oder als Repräsentant*innen, ähnlich wie in staatlichen Strukturen König*innen, die Repräsentationsaufgaben in Demokratien innehaben.

Charismatisch Figuren und spirituelle Influencer*innen sind weiterhin sehr wichtig, verlieren aber vermutlich strukturelle und administrative Funktionen, die sie an gewählte Vertreter*innen abgeben, welche den Schirm vertreten. Dies ermöglicht es dem Netzwerk, mit Problemen umzugehen, und auch das Netzwerk umzustrukturieren, ohne die Religion als Ganzes in Mitleidenschaft zu ziehen. Einzelne Aspekte können verändert werden, das Netzwerk ist dynamisch, solange die Schirmfunktion dadurch nicht gefährdet wird. Die in den Gegenwartsanalysen gefundenen Herausforderungen, die momentan die Religionen spalten, können so angegangen und ggf. auch gelöst werden, was aber eine Veränderung des Netzwerks, im Extremfall eine Teilung in zwei Religionen etc., zur Folge haben könnte.

Kapitel 5: Religionen der Zukunft

Erfahrungsgeläutert

Die großen Religionsorganisationen – oft im Volksmund als Weltreligionen bezeichnet – lernen aus ihren Erfahrungen, auch wenn dies vielen betroffenen Mitgliedern manchmal zu langsam geht oder auch die notwendigen Lernschritte sehr unterschiedlich gelesen werden. Ein für die hier angestellten Überlegungen sehr wichtiger Lernprozess ist die Einführung von Ethikkommissionen und Dokumentationsaufgaben bei der zuvor recht lose organisierten Deutschen Buddhistischen Union. Hier kann von einer „Religionisierung", oder im Sinne von Max Webers Verweis von einer Bürokratisierung von Religion gesprochen werden.[171] Als ein Lernprozess der katholischen Kirche in Deutschland kann der synodale Weg gelesen werden.

Das öffentliche Iftar-Essen und die Bestrebungen, Moscheen als offene, teilweise von außen einsehbaren Räumen zu gestalten, entwickelten sich verstärkt in den Jahren nach 9/11 und haben geholfen, die Wahrnehmung des Islam aus einer eindimensionalen Reduzierung auf das Terrorismusproblem herauszuholen und wieder zu weiten, dieses aber gleichzeitig ernst zu nehmen.

Visionär

Religionen werden dann relevant sein und somit als Organisationsformen in Zukunft Ausdruck finden können, wenn sie auf die konkreten Herausforderungen der Menschen mit Visionen reagieren. Ein Beispiel für eine solche visionäre Ausrichtung wäre die Ecobuddha-Campange[172] der Jungoto-Society, einer buddhistisch spirituellen Bewegung in Südkorea. Spirituelle Gruppen sind oft durch solche Visionen getragen, die Frage ist, wie der „Schirm" sie vertreten kann, damit sie für weitere Kreise sichtbar wird.

Basisdemokratisch

Die Religionen der Zukunft werden nur in Teilaspekten berufene Expert*innen, wie spirituelle Führer mit charismatischen Fähigkeiten, aufweisen. Über ihre Funktion als spirituelle Influencer*innen hinaus können sie in diesen Teilgruppen eventuell auch als Vertreter*innen von Religion gesehen werden.

Überwiegt aber die Repräsentationsfunktion, so werden auf Zeit und von der Basis gewählte demokratische Vertreter*innen der Gesamtstruktur ohne absolute Macht die Überzeugungen und spirituellen Anamorphosen die einzelnen Spiritualitätsformen vertreten. Diese Repräsentant*innen werden durch ihre Fähigkeit die Verschiedenheit und gleichzeitig die Bedeutung für die Gesamtgesellschaft, in einer gewissen Einheit zu verkörpern, getragen. In dem Maße, in dem dies gelingt, bleiben sie erhalten und können die Religion – und damit eigentlich ein Netzwerk von Spiritualität – repräsentieren. Gelingt dies nicht, werden neue Vertreter*innen gewählt.

Formen zukünftiger Religiosität besitzen also eine basisdemokratische Grundstruktur und repräsentieren eine Vielzahl von religiösen, spirituellen Formen. Sie tun dies vielleicht auch in Zukunft noch durch Vertreter*innen, die durch ihre Kleidung und andere Gesten diese nach außen hin verkörpern. So erfährt die Religion die auf interreligiösen Veranstaltungen notwendige Sichtbarkeit, durch welche die Diversität der beteiligten Religionen und spirituellen Formen auch symbolisch repräsentiert wird – so entsteht eine religiöse Performanz der Pluralität.

Netzwerk-Religionen sind moderne Formen von Religion, die sich entweder aufgrund von historischer Vernetzung und Verortung oder aufgrund von gemeinsamer ritueller Basis oder einer Kombination von beiden verbinden. Die Größe und Anzahl dieser Netzwerk-Religionen wird durch staatliche Formen der Förderung von Religion sowie auch durch die mögliche Kommunikation als Einheit gegenüber der Gesamtgesellschaft entstehen, bei gleichzeitiger Transparenz, Offenheit und Verschiedenheit. Dies bestimmt die Form und das Netzwerkformat von Religion in dem Maße, in dem es diesen Netzwerken gelingt, sich glaubhaft als Träger und auch Mitträger interreligiöser Veranstaltungsformen zu etablieren, um als Teil der Gesellschaft wahrgenommen werden. Die Schirmstruktur, welche Netzwerke mit gewählten Repräsentant*innen repräsentiert, zeigt sich dabei in an historische Vorformen angelehnte Figuren, die dennoch die Gestaltstruktur des Netzwerkes verkörpern müssen.

Offene Fragen

Der Blick in die Glaskugel liegt mir fern: Die bislang angestellten Überlegungen stellen eine Option dar, eine der Möglichkeiten, wie sich unter den beschriebenen Parametern Religion entwickeln könnte. Dabei wird deutlich, dass bei aller Umsicht eine europäische Perspektive durchscheinen wird. Wie würden asiatische, afrikanische Blickwinkel, Perspektiven des Pazifiks aussehen? Sind die Ansichten und Empfindungen unterschiedlicher Personengruppen, Menschen mit Beeinträchtigungen, Gender-Themen, queere Personen, von Migration betroffene Menschen etc. genügend berücksichtigt?

Die angestellten Überlegungen sind naturgegeben skizzenhaft, es bleiben offenen Fragen, die hier abschließend und als Impuls für weitere Debatten und Versuche, sich der Frage nach der Zukunft von Religion zu nähern, verstanden werden möchten.

Wie verhalten sich sehr erfolgreiche spirituelle Gruppen, die die Kraft haben, eine eigene Religionsstruktur aufzubauen, im Kontext von Netzwerkreligionen?

In einer pluralen, offenen Gesellschaft ist davon auszugehen, dass im Falle von Wachstum einer Gruppe diese von der Gesamtgesellschaft beobachtet wird. Einzelne „starke" Religionen wirken in religionspluralen Gesellschaften als Bedrohung für das Zusammenlebens über Religions- und Kulturgrenzen hinweg. Wenn allerdings eine sehr erfolgreiche Religion wächst und großen Zuspruches entweder von mehrheitlichen Teilen der Gesellschaft oder von der Regierung erhält, kann es dieser gelingen, einen eigenen Status als Religion zu erhalten, sie bricht dann aus dem Netzwerk und damit auch aus dem Schirm aus. Die gewählte Vertretung der Netzwerk-Schirm-Religion stünde dann der Vertretung der ausgebrochenen und die bisherige Gruppe vertretenen Führung gegenüber. Diese Beziehungsverhältnisse müssten neu ausgehandelt werden. Je nach soziopolitischer Situation könnte die neue Religion auch der Führung der Netzwerk-Schirm-Religion die legitime Vertretung absprechen und umgekehrt. Einfluss durch den Staat von außen (außer bei Gefährdung des

Gemeinwohls oder Verletzung der Verfassung) würde demokratische, die Religionen regulierende Maßnahmen gefährden und das Kräftegleichgewicht stören. Eine einseitige Förderung kann dann zur Gefahr aller Mitglieder des Netzwerkes werden.

Die Netzwerk-Schirm-Religionen sind einerseits durch die Graswurzelstruktur spiritueller und religiöser Gruppen verwurzelt, daher an der Basis stabil, andererseits ist die Führungsebene gewählt und damit instabiler. Was geschieht, wenn die Vertretung nur von einem geringen Teil des Netzwerkes akzeptiert wird? Wie reagiert das Netz, der Schirm, wie verändert sich dann die Identität der Religion? Wann brechen Gruppen aus dem Netzwerk aus? Werden sie in diesen Strukturen gehalten? Wie verhalten sich große religiöse Organisationsformen gegenüber neuen Netzwerken und anderen vielleicht parallel existierenden Religionsstrukturen?

Was ist die wichtigste Bindungskraft für die Netzwerk-Religionen, die ihr Netzwerk lebendig und für die Teilorganisationen attraktiv hält?

Fazit

Abschließend soll die hier vorgestellte These noch einem – inzwischen nicht mehr so ungewöhnlichen – Test unterzogen werden: Die Entwicklungen im Bereich der Künstlichen Intelligenz ermöglichen einen spannenden Versuch, die Fragen, die der Mensch schwer überblicken kann, an KI Software weiterzugeben. Was also antwortet ein bekanntes Programm, wie ChatGBTx, auf die Frage: „Wie sieht die Religion der Zukunft aus?" Hier das Ergebnis der Engine am 12. Juli 2023:

„Es ist schwierig, genau vorherzusagen, wie die Religionen der Zukunft aussehen werden, da dies von vielen Faktoren abhängt, die sich im Laufe der Zeit ändern können. Dennoch gibt es einige Trends und mögliche Entwicklungen, die diskutiert werden können:

Rückgang traditioneller Religionen: In vielen westlichen Ländern ist ein Rückgang der Mitgliedschaft und des Glaubens an traditionelle Religionen zu beobachten. Dieser Trend könnte sich fortsetzen, da sich die Gesellschaften weiterhin säkularisieren und sich die Menschen vermehrt von traditionellen religiösen Institutionen distanzieren.

Zunahme von Spiritualität: Gleichzeitig gibt es einen wachsenden Trend zur Spiritualität, bei dem Menschen nach individuellen spirituellen Erfahrungen suchen, ohne sich einer bestimmten Religion anzuschließen. Dies könnte zu einer Zunahme von nicht-traditionellen religiösen Praktiken und Glaubenssystemen führen.

Synkretismus und Vermischung von Religionen: In einer globalisierten Welt, in der Menschen unterschiedlicher religiöser Hintergründe miteinander interagieren, könnte es zu einer Vermischung von religiösen Praktiken und Glaubenssystemen kommen. Dies könnte zu neuen synkretistischen Religionen führen, die Elemente verschiedener Traditionen kombinieren.

Technologie und Religion: Mit dem Fortschritt der Technologie könnten neue Formen der Religionsausübung entstehen. Zum Beispiel könnten virtuelle Gottesdienste oder religiöse Rituale über das Internet stattfinden. Es könnte auch zu einer Integration von Technologie in religiöse Praktiken kommen, wie zum Beispiel durch den Einsatz von KI oder virtueller Realität.

Umweltbewusstsein und Naturreligionen: Angesichts der zunehmenden Umweltprobleme könnte ein verstärktes Bewusstsein für die Natur und den Schutz der Umwelt zu einer Zunahme von Naturreligionen führen. Menschen könnten sich vermehrt mit der Natur und dem Kosmos verbunden fühlen und dies in ihre religiösen Überzeugungen und Praktiken integrieren.

Es ist wichtig zu beachten, dass dies nur einige mögliche Entwicklungen sind und dass die Religionen der Zukunft stark von sozialen, kulturellen und politischen Veränderungen abhängen werden. Es bleibt abzuwarten, wie sich diese Trends entwickeln und welche neuen religiösen Strömungen entstehen werden.“[173]

Die Bereiche der traditionellen Religion, der Spiritualität und des Synkretismus, der Vermischung liefern in etwa erwartbare und auch mit den in diesem Buch entwickelten Ideen vergleichbare Vorhersagen. Der Einfluss von Migration und Integration auf die traditionellen Religionen finden bei ChatGBT keine Erwähnung.

Auch die Vermutung, dass Rituale teilweise durch virtuelle Möglichkeiten ersetzt werden können, deckt sich. Inwieweit KI zum Orakel werden kann, sieht man ja an diesem Fazit (;-)).

Bemerkenswert ist die erkannte Vernetzung von Religiosität mit Themen wie dem Umweltbewusstsein. Die KI vertieft interessanterweise trotz sehr bekannter Kritik an vielen Religionsstrukturen und beispielsweise kirchlichen Amtsträgern nicht die Frage der Struktur und Repräsentation. Auch der Missbrauch spielt keine Rolle.

Die Fragen interreligiöser Performanz, die über die Netzwerkstrukturen und das Thema der interreligiösen Spiritualität wirklich wesentlich für die zukünftigen Formen von Religion zu sein scheint, werden zwar von der KI nicht hervorgehoben, scheinen aber aufgrund der Erfahrungen mit der Wahrnehmung von Religion in pluralen Gesellschaften einer der wichtigsten Faktoren für die Entstehung von Netzwerk-Schirm-Religionen zu sein.

Was bedeutet dies für betroffene Gläubige, Interessierte und Verantwortliche innerhalb religiöser Organisationen? Die erwogenen Transformationsprozesse kündigen sich zum Teil bereits an, und innerhalb der

Gemeinschaften gibt es teilweise ein Gespür für Krisensituationen und bevorstehenden Wandel. Viele Religionsformen sind bereits heute stark vernetzt, und der interreligiöse Dialog trägt zur weiteren Stärkung dieser Netzwerke bei. Menschen und Gruppen, die hier bereits Erfahrung besitzen, werden sich mit den neuen Formen der Religion von morgen leichter tun, sie gar willkommen heißen.

Auch gewählte Vertreter*innen gibt es in vielen Religionen, etwa die Äbte/Äbtissinen der Benediktiner*innen oder die Synodalen in den reformierten Kirchen. Auch in buddhistischen Orden gibt es bereits solche Modelle. Die Funktion der Organisation und Vertretung der Religion nach innen und außen wird in Zukunft stärker von charismatischen und daher oft temporären Influencer*innen von Spiritualität getrennten Rollen verantwortet werden. Dies ist vielfach heute schon der Fall. Dort, wo Charisma und politische Macht zu sehr in Verbindung stehen, beginnt sich Religion immer einer Gefahr auszusetzen. In vielen Tradition gibt es dafür Beispiele, aus denen in pastoralen Prozessen gelernt werden kann.

Wenn wir in der Rising-Star-Höhle in der Dinaleid Chamber in Südafrika am Grab eines unserer Vorfahren, dem Homo Naledi, stehen, bestattet mit einem Hau- und Schreibwerkzeug, um damit im kommenden Leben Wichtiges tun zu können, dann verweist dies vielleicht auf eine der wichtigsten Fragen für die Zukunft der Religion: Was ist heute wichtig?

Literatur

Al Bayati, Umniah H. 2020. *Video Content Analysis of the Taliban, ISIS, and al-Qa'ida: Common Themes and the Utilization of Different Sonic Modes*. Thesis, Georgia State University.

Assmann, Jan. 2000. *Moses der Ägypter: Entzifferung einer Gedächtnisspur.* Frankfurt a. M.: Fischer-Taschenbuch-Verlag.

Bailey, Shara E., Juliet K. Brophy, Jacopo Moggi-Cecchi, and Lucas K. Delezene. 2019. "The deciduous dentition of Homo naledi: A comparative study." *Journal of Human Evolution* 136. Amsterdam: Elsevier.

Batnitzky, Leora. 2011. *How Judaism became a religion: An introduction to modern Jewish thought.* Princeton: Princeton University Press.

Ben-Eliyahu, Eyal. 2019. *Identity and Territory. Jewish Perceptions of Space in Antiquity.* 1. ed. California: University of California Press.

Berger, Lee, and John Hawks. 2017. *Almost Human: The astonishing tale of Homo naledi.* Johannesburg: Jonathan Ball Publishers.

Berger, Lee R., John Hawks, Darryl J. de Ruiter et al. 2015. "Homo naledi, a new species of the genus Homo from the Dinaledi Chamber, South Africa." *eLife.* Cambridge: eLife Sciences Publications, Ltd.

Berger, Peter L. 2015. *Many Altars of Modernity: Toward a Paradigm for Religion in a Pluralist Age.* Boston, Berlin: De Gruyter.

Bergunder, Michael. 2012. „Was ist Religion? Kulturwissenschaftliche Überlegungen zum Gegenstand der Religionswissenschaft." *Zeitschrift für Religionswissenschaft* 19 (1/2): 3. Boston, Berlin: De Gruyter

Berkmann, Burkhard Josef. 2017. *Internes Recht der Religionen: Einführung in eine vergleichende Disziplin.* Stuttgart: Kohlhammer Verlag.

Berzano, Luigi. 2018. "Is Scientology a Religion?" *The Journal of CESNUR* 2 (2): 11-20. Turin.

Bhaba, I. 1994. *Location of Culture.* New York: Routledge.

DBK Deutsche Bischofskonferenz. 2003. „Arbeitshilfe 170: Leitlinien für multireligiöse Feiern von Christen, Juden und Muslimen." Bonn.

DBK Deutsche Bischofskonferenz. 2008. „Arbeitshilfe 170 (2. überarbeitete Auflage): Leitlinien für das Gebet bei Treffen von Christen, Juden und Muslimen." Bonn: Verlag.

Bochinger, Christoph, Martin Engelbrecht, und Winfried Gebhardt. 2009. *Die unsichtbare Religion in der sichtbaren Religion. Formen spiritueller Orientierung in der religiosen Gegenwartskultur.* Stuttgart: Kohlhammer.

Böckenförde, E.W. 2013. *Recht, Staat, Freiheit: Studien zur Rechtsphilosophie, Staatstheorie und Verfassungsgeschichte.* Berlin: Suhrkamp.

Boeve, Lieven. 1997. "Postmodernism and negative theology: The A/theology of the 'open narrative'." *Bijdragen* 58 (4): 407-425. Leiden: Royal Netherlands Institute of Southeast Asian and Caribbian Studies.

Bürkle, Horst. 1989. „Das Modell „Assisi 1986" und der Interreligiöse Dialog." *Forum Katholische Theologie*. Baltmannsweiler: Schneider.

Casanova, José. 2010. *Religion und die umstrittene Moderne.* Edited by Mathias Rugel. Stuttgart: Kohlhammer.

Chung, Dingyu. 2018. "Evolutionary Origin of Religions and Religious Evolution: Religious Neurosociology." *Journal of Behavioral and Brain Science* 08 (09): 27. Cambridge: Cambridge University Press.

Chung, Kiyul. 2007. *The Donghak Concept of God/Heaven: Religion and Social Transformation*. Lausanne: Peter Lang.

Cunningham, P.A., R. Langer, and J. Svartvik. 2020. *Enabling Dialogue about the Land: A Resource Book for Jews and Christians.* Ramsey: Paulist Press.

Daniélou, Jean. 1969. *Die Zukunft der Religion.* Translated by Pierre Kamitzer. München: Ars Sacra Joseph Müller.

Dirks, Paul HGM. 2017. "The age of Homo naledi and associated sediments in the Rising Star Cave, South Africa." *eLife.* Cambridge: eLife Sciences Publications, Ltd.

Drew, Rose. 2011. *Buddhist and Christian? An Exploration of Dual Belonging.* London: Routledge.

Drewermann, Eugen. 2000. *Hat der Glaube Hoffnung?: von der Zukunft der Religion am Beginn des 21. Jahrhunderts.* Olten: Walter.

Du Toit, Cornel W. 2017. "'Has evolution "prepared" us to deal with death? Paleo-anthropological aspects of the enigma of Homo naledi's disposal of their dead'." *HTS Teologiese Studies/Theological Studies* 73 (3). AOSIS.

Dubois, Elizabeth, and Grant Blank. 2018. "The echo chamber is overstated: the moderating effect of political interest and diverse media." *Information, Communication & Society* 21 (5): 729-745. London: Taylor & Francis.

Fadai, Sidigullah. 2015. *Die Arbeit von München Kompetenz.* Freiburg i. Br.: Herder.

Feldbauer, Julia. 2023. „Akteurin oder Beobachterin im interreligiösen Dialog? Über die Rolle der Religionswissenschaft am Beispiel der Bedeutung des Landes Israel im jüdisch-katholischen Dialog.“ *Religionswissenschaft im interreligiösen Kontext,* edited by Martin Rötting; Michael A. Schmiedel. Wien: LIT.

Figl, Johann. 2009. „Religion jenseits der Religionen? Zur Theorie und Praxisrelevanz universalistischer Einheitskonzepte.“ *Wege und Welten der Religionen. Forschungen und Vermittlungen.* Festschrift für Udo Tworuschka: 101-112. Frankfurt a. M.: Otto Lembeck.

Figl, Johann. 2018. „Einheit der Religionen: Konzepte europäischer Religionsphilosophie und des Sufismus (im Westen).“ In: Erdal Toprakyaran et al., Hg. *Dem Einen entgegen: Christliche und islamische Konzepte in historischer Perspektive* 219-236. Wien: LIT.

Gepser Jean. 1949 und 1966. Ursprung und Gegenwart: (Beitrag zu einer Geschichte der Bewusstwerdung). *Die Fundamente der aperspektivischen Welt. Die Manifestationen der aperspektivischen Welt*: (Versuch einer Konkretion des Geistigen). Vol. Bd. 1-2. München: Deutsche Verlags-Anstalt.

Griffel, Frank. 2018. *Den Islam Denken. Versuch eine Religion zu verstehen.* Stuttgart: Reclam.

Hahn, Alois. 1994. „Die soziale Konstruktion des Fremden.“ *Die Objektivität der Ordnungen und ihre kommunikative Konstruktion,* edited by W. M Sprondel, 140-163. Frankfurt a. M.: Suhrkamp.

Harding, Douglas E. 2000. *Die Weltreligionen. Ein kleines Handbuch für Aufgeschlossene.* Translated by Henning von Ostena. M. Freiburg: Lüchow.

Harris, Elizabeth J. 2022. “Utilizing the Theology of Religions and Human Geography to Understand the Spatial Dimension of Religion and Conflict.” *Religions* 13 (6): 496. Basel: MDPI.

Haus, Michael. 2003. „Ort und Funktion der Religion in der zeitgenössischen Demokratietheorie.“ *Politik und Religion,* edited by Michael Minkenberg; Ulrich Willems, 45-67. Wiesbaden: VS Verlag für Sozialwissenschaften.

Higher Committee of Human Fraternity. 2021. “The Abrahamic Family House: When religions embrace on the land of Zayed Elkheir.” *Houses of Religions,* edited by Martin Rötting, 165. Wien: LIT.

Heelas, Paul, and Linda Woodhead. 2005. *The Spiritual Revolution. Why religion is giving way to spirituality.* Oxford: Blackwell.

Huntington, Samuel P. 1996. *Kampf der Kulturen. Die Neugestaltung der Weltpolitik im 21. Jahrhundert.* New York: Simon & Schuster.

Jerryson, Michael, and Mark Juergensmeyer. 2010. *Buddhist warfare.* Oxford: OUP USA.

Joseph Ratzinger / Benedikt XVI., and J. Habermas. 2006. *Dialectics of Secularization: On Reason and Religion.* San Francisco: Ignatius Press.

Khorchide, Mouhanad. 2019. *Islam ist Barmherzigkeit: Grundzüge einer modernen Religion.* Freiburg i. B.: Verlag.

Klinkhammer, Gritt. 2019. „Der interreligiöse Dialog als Boundary Work." *Zeitschrift für Religionswissenschaft* 27 (1): 78-102. Boston, Berlin: De Gruyter.

Knitter, Paul F. 2009. *Without Buddha I Could not be a Christian.* Oxford: Oneworld Publications.

Kramer, Samuel N. 1942. "The Oldest Literary Catalogue: A Sumerian List of Literary Compositions Compiled about 2000 B. C." *Bulletin of the American Schools of Oriental Research* (88): 10-19. Alexandria: American Society of Overseas Research.

Krammer, Kurt, and Martin Rötting. 2022. *Buddhismus in Europa: Facetten zwischen Mode, Minderheit und Mindfulness in interreligiösen Bezügen.* (2). Münster: LIT.

Lancaster, Lewis R.; Yu C.S. 1991. *Assimilation of Buddhism in Korea. Religious Maturity and Innovation in the Silla Dynasty.* Berkeley: Asian Humanities Press.

Lay, R. 1974. *Zukunft ohne Religion?* Olten: Walter.

Litvak, Meir. 1998. "The Islamization of the Palestinian-Israeli conflict: the case of Hamas." *Middle Eastern Studies* 34 (1): 148-163. London: Taylor & Francis.

Mall, Ram Adhar. 2013. „Hermeneutik der Überlappung jenseits der Identität und Differenz." *interculture journal: Online-Zeitschrift für interkulturelle Studien* 12 (21): 11-32. Jena: Universität Jena.

Marchadour, Alain, and David Neuhaus. 2007. *The Land, the Bible, and History: Toward the Land that I Will Show You.* New York: Fordham University Press.

Mehnaz M. Name, Afridi?: "Muslim Ties to the Land: Knotted Controversies and Potential Paths toward Cooperation". Cunningham, P.A., R. Langer, and J. Svartvik. 2020. *Enabling Dialogue about the Land: A Resource Book for Jews and Christians:* 68-106. Ramsey: Paulist Press.

Mercadante, Linda A. 2014. *Belief without borders: inside the minds of the spiritual but not religious.* New York: Oxford University Press.

Michael Klöckner, Udo Tworuschka. 1997. *Handbuch der Religionen.* Hohenwarsleben b. Magdeburg: Westarp Science.

Mylius, K. 2003. *Geschichte der altindischen Literatur: die 3000jährige Entwicklung der religiös-philosophischen, belletristischen und wissenschaftlichen Literatur Indiens von den Veden bis zur Etablierung des Islam.* Wiesbaden: Harrassowitz.

Noelle-Neumann, E. 1978. *Werden wir alle Proletarier?: Wertewandel in unserer Gesellschaft.* Ort: Edition Interfrom.

Novak, Christoph, Miriam Haselbacher, Astrid Mattes, and Katharina Limacher. 2022. "Religious "bubbles" in a superdiverse digital landscape? Research with religious youth on Instagram." *Religions* 13 (3): 213. Basel: MDPI.

Panikkar, Raimon, and Raimundo Panikkar. 1999. *The intrareligious dialogue.* Ramsey: Paulist Press.

Pickel, Gert. 2011. *Religionssoziologie.* Berlin: Springer.

Reichholf, Josef H. Einhorn. 2012. *Phönix, Drache: woher unsere Fabeltiere kommen.* Berlin: Fischer.

Renz, Andreas. 2014. *Die katholische Kirche und der interreligiose Dialog. 50 Jahre „Nostra aetate" – Entstehung, Rezeption, Wirkung.* Stuttgart: Kohlhammer Verlag.

Riedl, Gerda. 2012. *Modell Assisi: christliches Gebet und interreligiöser Dialog in heilsgeschichtlichem Kontext.* Vol. 88. Boston, Berlin: De Gruyter.

Rorty, R., G. Vattimo, S. Zabala, and M. Adrian. 2009. *Die Zukunft der Religion.* Berlin: Verlag der Weltreligionen.

Rötting, Martin. 2021a. *Spiritualität vs. Religion: Eine interreligiöse Beziehungsanalyse.* St. Ottilien: EOS.

Rötting, Martin. 2007. *Interreligiöses Lernen im buddhistisch-christlichen Dialog. Lerntheoretischer Zugang und qualitative Studie in Deutschland und Südkorea.* St. Ottilien: EOS Verlag.

Rötting, Martin. 2011. *Religion in Bewegung. Dialog-Typen und Prozess im interreligiösen Lernen* 9. Münster: LIT.

Rötting, Martin. 2018. „Verschiedenheit religiöser Ansätze: Spirituelle Identität, die Religionen und der Umgang mit dem Sterben." *Spiritual care* 7 (2): 159-168. Boston, Berlin: De Gruyter.

Rötting, Martin. 2019. *Navigation! Spirituelle Identität in einer interreligiösen Welt. Feldforschung in München, Vilnius, Seoul und New York.* St. Ottilien: EOS.

Rötting, Martin. 2020. „Häuser und Räume als Interreligiöser Lernorte: Multi-Faith-Spaces, haitische Versprechen und eine europäische Version." *Salzburger Theologische Zeitschrift* 24 (1/2020): 20-38. Münster: LIT.

Rötting, Martin. 2021b. *Houses of religions: visions, formats and experiences.* Vol. 1. Münster: LIT.

Rötting, Martin. 2022. *Spiritualität vs. Religion. Eine interreligiöse Beziehungsanalyse.* St. Ottilien: EOS.

Rötting, Martin. 2023. „Gesellschaftliche Perspektiven auf das House of One-Projekt in Berlin. Exemplarische Studien zur Innen- und Außenwahrnehmung. In Veröffentlichung." *CIBEDO-Beiträge* 4/2023, 154-161. Münster: Aschendorff.

Rötting, Martin, Aykan Inan, and Simone Sinn. 2016. *Praxisbuch interreligioser Dialog. Begegnungen initiieren und begleiten.* St. Ottilien: EOS.

Rudolfsson, Lisa, Inga Tidefors, and Leif A. Strömwall. 2012. "Sexual Abuse and the Christian Congregation: The Role of Gender in Pastoral Care for Victims." *Pastoral Psychology* 61 (3): 375-388. Berlin: Springer.

Schlamelcher, Jens. 2018. "Religiöse Organisation." In *Handbuch Religionssoziologie*, edited by Detlef Pollack, Volkhard Krech, Olaf Müller and Markus Hero, 489-506. Wiesbaden: Springer Fachmedien Wiesbaden.

Schmidt, Andreas. 2019. „Klerikalismus: Diagnose und Therapiemöglichkeiten für eine tiefsitzende Kirchenkrankheit." *Münchener Theologische Zeitschrift* 70 (2): 145–157-145–157. St. Ottilien: EOS.

Schmidt-Leukel, Perry. 2017. „Überlegungen zu einer fraktalen Interpretation religioser Vielfalt." *Das Heilige interkulturell,* edited by Thomas Schreijäck; Vladislav Serikov, 151-165. New York: Orbis.

---. 2018. „Eine fraktale Interpretation religiöser Vielfalt." *Münchener Theologische Zeitschrift* 69: 134-150. St. Ottilien: EOS.

Schneider, Bernhard. 2013. „Marienerscheinungen im 19. Jahrhundert: ein Phänomen und seine Charakteristika." *„Wahre" und „falsche" Heiligkeit*: 87-110. München: Oldenbourg.

Schönherr, Kurt W., and Harald Grübele. 2011. „Der gesellschaftliche Wertewandel – Ursachen und Wirkungen." *Werteorientierte Medienpädagogik: Das Präventionsprojekt ‚Medienscout',* edited by Bojan Godina, Harald Grübele and Kurt W. Schönherr, 133-144. Wiesbaden: VS Verlag für Sozialwissenschaften.

Schüßler, Michael. 2017. „Immer Ärger mit dem Personal?" *Zeitschrift für Pastoraltheologie* (ZPTh) 37 (1): 63-80. Münster: ULB.

Schwab, Ulrich. 2020. „Differenzierte Indifferenz – Eine kritische Auseinandersetzung mit den Ergebnissen der 5. Kirchenmitgliedschafts-untersuchung der EKD in Bezug auf die Religiosität Jugendlicher." *Praktische Theologie* 55.2: 119-120.

Schweizer, A. 1878. *Die Zukunft der Religion*. Stuttgart: S. Hirzel.

Sedgwick, Mark. 2012. "Karin Jironet, Sufi Mysticism into the West: Life and Leadership of Hazrat Inayat Khan's Brothers 1927-1967." *Journal of Religion in Europe* 5 (4): 524-525. Leiden: Brill.

Stark, R., and W.S. Bainbridge. 2023. *The Future of Religion: Secularization, Revival and Cult Formation.* California: University of California Press.

Strommer, Marina Anissa. 2022. "Der Thai Austria Dhammaram Tempel in Wien." In *Buddhismus in Europa. Facetten zwischen Mode, Minderheit und Mindfulness in interreligiösen Bezügen.*, edited by Kurt Krammer; Martin Rötting, 481. Wien: LIT.

Sturm-Berger, Michael. 2018. „Was können wir über prähistorische Religionen aussagen?" *Geschichte und Archäologie.* Ein Blog zur kulturellen Entwicklung der Menschheit. Ort: Verlag.

Tedesco, Frank. 1997. "Questions for Buddhist and Christian Cooperation in Korea." *Buddhist-Christian Studies* 17: 179-195. Honolulu: University of Hawaii Press.

Tibi, Bassam. 2010. "Euro-Islam: an alternative to Islamization and ethnicity of fear." In *The Other Muslims: Moderate and Secular,* 157-174. Berlin: Springer.

Ṭībī, Bassām. 2020. *Euro-Islam statt Islamismus: Ein Integrationskonzept.* Hannover: ibidem.

Trungpa Chogyam. 1991 (2001). *Crazy Wisdom.* 1. ed. Boston u.a.: Shambhala.

Wagner, Doris. 2019. *Spiritueller Missbrauch in der katholischen Kirche.* Freiburg i. Br./Basel/Wien: Herder.

Wallis, Roy. 1986. "The Future of Religion: Secularization, Revival and Cult Formation, by Rodney Stark and William Sims Bainbridge." *Sociology of Religion* 47 (1): 74-76. Berkeley: University of California Press.

Wang, Xiaoxuan. 2020. *Maoism and Grassroots Religion: The Communist Revolution and the Reinvention of Religious Life in China.* Oxford: Oxford University Press.

Wilber, Ken. 2018. *The Religion of Tomorrow: A Vision for the Future of the Great Traditions – More Inclusive, More Comprehensive, More Complete.* Boulder: Shambhala.

Willms, Gerald. 2009. *Scientology: 'Modern religion' or 'religion of modernity'?* New York: Oxford University Press.

Witte, Daniel. 2016. „Von Fahrstühlen und Graswurzeln: Orientierungsmetaphern in der soziologischen Zeitdiagnose." *Metaphern soziologischer Zeitdiagnosen:* 21-50. Berlin: Springer.

Yü, Chün-fang. 2001. *Kuan-yin: the Chinese transformation of Avalokitesvara.* New York: Columbia University Press.

Zakaria, T, B Busro, and S Furqon. 2018. "Filter bubble effect and religiosity: filter bubble effect implication in the formation of subjects and views of religiosity." *IOP Conference Series: Materials Science and Engineering.* Bristol: IOP Publishing.

Endnoten

1 Siehe Gebser (1949) und Gebser (1966).

2 Hier und im Folgenden nehme ich Bezug auf: https://religionmediacentre.org.uk/news/the-future-of-religion-in-britain, abgerufen 18.12.2022.

3 https://religionmediacentre.org.uk/news/the-future-of-religion-in-britain, abgerufen 18.12.2022. Übersetzung MR.

4 Siehe die Buchbesprechung von Roy Wallis (1986).

5 Siehe: jungk-bibliothek.org/wer-war-robert-jungk/, abgerufen 16.06.2023.

6 https://jbz.librishare.de/search/Religion, abgerufen 16.06.2023.

7 Zur Debatte über prähistorische Grabbeigaben siehe: Sturm-Berger (2018).

8 (D. Chung 2018, 485), übersetzt aus dem Englischen durch MR.

9 Siehe (Bailey et al. 2019) und (L.R. Berger et al. 2015).

10 See Paul HGM Dirks (2017).

11 Vergleiche hier: https://www.nationalgeographic.de/geschichte-und-kultur/2023/06/homo-naledi-aelteste-bestattungen-der-menschheit, abgerufen 20.07.2023.

12 Siehe: Kramer (1942).

13 Die Entstehung und Datierung der Veden liegen weitgehend im Dunkeln. Zur Debatte siehe Mylius (2003).

14 Dieses Kapitel entstand während eines Aufenthaltes an der Benares Hindu University in Varanasi im Februar 2023.

15 Zur Debatte über prähistorische Grabbeigaben siehe: Sturm-Berger (2018).

16 Vgl. u.a. die Darstellung Durkheims Religionsverständnis bei Pickel (2011, Ebook loc 843).

17 Ein angewandte oder anwendungsorientierte (Reiss), praktische (Tworuschka) Religionswissenschaft sucht den Bezug zum Feld und geht z.B. mit Religionen und ihren Organisationen Kooperationen ein. Diese Nähe wird kritisch betrachtet, ist aber m.E. notwendig und gehört zur Verantwortung von Wissenschaft für die Gesellschaft. Wechselseitige Beeinflussung muss natürlich kritisch reflektiert werden.

18 Im Rahmen dieser Untersuchung konnte die Bastions-Spiritualität durch die Interviewanalyse nur in leichter Form direkt nachgewiesen werden (vgl. M. Rötting (2021a), Übersicht Tabelle 1: Analyse Spiritualität und Religion S. 220). Indirekt, also über Aussagen von anderen Menschen, durch Literatur, Analyse von Blog-Einträgen, war eine klare Bestimmung möglich

19 Es handelt sich hierbei um eine Auftragsforschung von CIBEDO zur Wahrnehmung des House of One in der Öffentlichkeit, Rötting 2023.

20 Siehe hierzu Studien zur Kirchenbindung und deren Analyse. Aufgrund verschiedener Faktoren ist diese in der katholischen Kirche etwas höher. Oft genannt werden Tradition, Sakramente, Sonntagsgebot. Siehe hierzu auch: Schwab, Ulrich. „Differenzierte Indifferenz–Eine kritische Auseinandersetzung mit den Ergebnissen der 5. Kirchenmitgliedschaftsuntersuchung der EKD in Bezug auf die Religiosität Jugendlicher." Praktische Theologie 55.2 (2020): 119-120.

21 Quellen hierzu Rudolfsson, Tidefors, and Strömwall (2012).

22 Siehe: https://www.sueddeutsche.de/politik/woelki-kirche-kardinal-ermittlungen-1.5849130, abgerufen 14.09.2023.

23 Siehe zur aktuellen Situation z.B. Schmidt (2019) und besonders Schüßler (2017, 69).

24 Mit dem Begriff „spirituelle Influencer" werden Menschen bezeichnet, deren eigene Spiritualität direkt oder indirekt eine große Gruppe von Menschen in deren spiritueller Prägung beeinflusst hat.

25 Interviews mit Betroffenen im Februar 2022.

26 Siehe hierzu Krammer and Rötting (2022).

27 So können ähnliche Probleme im Bereich des Yoga hier nicht umfänglich behandelt werden. Siehe hierzu: Rötting (2023). Missbrauch in den Religionen im interreligiösen Kontext, Tagung 2022. Im Erscheinen.

28 Episode V – Das Imperium schlägt zurück, Kapitel 23 – „Found Someone, You Have".

29 Chögyam Trungpa beschreibt Crazy Wisdom, also „verrückte Weisheit" als einen „unschuldigen Zustand des Geistes, der die Qualität des frühen Morgens hat – frisch, strahlend und völlig wach". Vgl. Trungpa (1991, 2001), Klappentext.

30 Einen Überblick und Vergleich bietet: https://www.deutschlandfunkkultur.de/ard-doku-ueber-bhagwan-was-vom-kult-um-den-guru-uebrig-100.html, abgerufen 18.10.2022.

31 Siehe u.a.: https://www.eckerd.edu/news/blog/sexual-abuse-american-buddhism/, abgerufen 18.10.2022.

32 Vgl. Rigpa 2019: Tätigkeitsbericht, Berlin 14.

33 https://buddhismus-aktuell.de/diskussionen/debatte-um-sogyal-rinpoche/dokument-1-missbraucht-geschlagen-laecherlich-gemacht-schuelerinnen-und-schueler-von-sogyal-rinpoche-erheben-schwere-vorwuerfe-brief-vom-14-juli-2017.html, abgerufen 30.11.2022.

34 https://www.rigpa.org/independent-investigation-report, abgerufen 28.04.2022.

35 Telegraph.co.uk. Archived from the original on 2022-01-12.

36 Vgl. https://www.shilohproject.blog/sexual-misconduct-and-buddhism-centering-survivors/, abgerufen 18.10.2022. Ebenso: https://de.wikibrief.org/wiki/Uppalavanna, abgerufen 18.10.2022.

37 https://www.palikanon.com/vinaya/3-bhu-v/bhu0024-083.htm, abgerufen 18.10.2022.

38 https://www.bbc.com/news/world-south-asia-15507304, abgerufen 15.11.2022.

39 Nach eigenen Angaben wurden sie vom Karmapa beauftragt. Die erste Schülerin des Karmapa war die Britin Freda Bedi im Jahr 1960 (https://www.buddhistdoor.net/features/freda-bedi-the-making-of-a-buddhist-nun). Es gibt in der Debatte aber auch erhebliche Zweifel von Zeitzeug*innen an den Aussagen von Ole Nydahl. Vgl. hierzu https://info-buddhismus.de/lama_ole_nydahl.html#Austria oder https://info-buddhism.com/Ole_Nydahl_and_Diamond_Way_B_Scherer.html#charismatic, abgerufen 10.03.2022. Vgl. auch den Artikel von Bee Scherer in Krammer and Rötting (2022, 197-206).

40 Saalfrank 1994.

41 https://www.br.de/nachrichten/bayern/islamhetze-von-buddhistischem-prediger-in-immenstadt,R0MNjRj, abgerufen 10.03.2022.

42 https://buddhismus-aktuell.de/meldungen/dbu-rat-nimmt-stellung-zu-moeglicherweise-islamfeindlichen-aeusserungen-von-ole-nydahl.html, abgerufen 10.03.2022.

43 https://docs.diamantweg-buddhismus.de/Stellungnahme_BDD_Buddhistischer_Populist_LamaOleNydahl.html, abgerufen 03.2022.

44 https://allgaeu-rechtsaussen.de/2018/09/27/ermittlungen-gegen-lama-nydahl-eingestellt/, abgerufen 10.03.2022.

45 https://www.youtube.com/watch?timecontinue=1155&v=jvTFBB7qW6Q, ab Min. 19:17, abgerufen 10.03.2022. Interview der Nordhessen Rundschau 2016.

46 Vgl. Interview in Rötting, Spiritualität vs. Religion, (2022, 240).

47 Siehe Rötting (2022, 240f.)

48 https://www.sueddeutsche.de/panorama/dalai-lama-ich-bin-nicht-der-papst-1.4147557?reduced=true, abgerufen 24.03.2023.

49 https://www.sueddeutsche.de/politik/dalai-lama-zunge-eklat-missbrauch-kritik-1.5792950, abgerufen 15.09.2023.

50 https://www.sueddeutsche.de/bayern/augsburg-kindesmissbrauch-und-pornos-zen-priester-muss-fuer-fast-acht-jahre-ins-gefaengnis-1.3582515, abgerufen 24.03.2023

51 Vgl. Interview mit Diamantwegschülerin in Rötting (2022, 240).

52 Vgl. hierzu Rötting (2007).

53 Quelle: remid Informationsdienst, https://www.remid.de/kurzinformation-religion/kurzinformation-religion-sufismus/, abgerufen 28.03.2023.

54 https://inayatiorder.org/our-new-name/, 28.03.2023

55 Zahlen zum Rückgang der Sufi-Gemeinschaften, die aus dem Islam heraustreten. Vgl. https://en.qantara.de/content/the-future-of-islamic-mysticism-is-sufism-under-threat, 28.03.2023.

56 Vgl. Rötting 2012 und 2019.

57 Vgl. Rötting 2011.

58 Zur Attraktivität des Heldenkämpfernarrativs des IS siehe u. a. Al Bayati (2020, 37f.).

59 Vgl. hier zu https://www.brookings.edu/articles/positive-branding-and-soft-power-the-promotion-of-sufism-in-the-war-on-terror/, abgerufen 15.09.2023.

60 https://www.brookings.edu/articles/positive-branding-and-soft-power-the-promotion-of-sufism-in-the-war-on-terror/, abgerufen 15.09.2023.

61 https://www.reuters.com/article/idINIndia-46566120100301, abgerufen 15.09.2023.

62 Siehe: Tibi (2010) und Tibi (2020).

63 Einen guten Überblick über die Debatte kurz nach der Veröffentlichung von Tibis Thesen bietet: https://www.herder.de/hk/hefte/archiv/2012/12-2012/anspruch-und-wirklichkeit-was-taugt-die-forderung-nach-einem-euro-islam/, abgerufen 15.09.2023.

64 Ich verdanke den besonderen Blick auf diese Fragestellung und auch einen Großteil der hier dargestellten Einsichten Julia Feldbauer, die sich im Rahmen ihrer Dissertation mit den theologischen Bedingungen dieser Fragestellung beschäftigt. Siehe Feldbauer (2023, im Druck).

65 Gen 12,7: „Da erschien der Herr dem Abram und sprach: Deinen Nachkommen will ich dies Land geben. Und er baute dort einen Altar dem Herrn, der ihm erschienen war."

66 Der Wunsches „Nächstes Jahr in Jerusalem!" wird am Ende des Seder-Abends gesprochen.

67 Siehe Marchadour and Neuhaus (2007, 425). Diesen Hinweis verdanke ich, wie viele Einsichten zur Relevanz der Landfrage für die Situation des Judentums den Studien von und Gesprächen mit Julia Feldbauer. Ihr sei an dieser Stelle ganz herzlich gedankt!

68 Religiöser Führer der religiösen Siedlerbewegung nach dem Sechs-Tage-Krieg.

69 Zvi Yehudah Kook zitiert nach (Batnitzky 2011, 98).

70 Etwa die Drusen.

71 Kommission für die religiösen Beziehungen zum Judentum, Hinweise für eine richtige Darstellung von Juden/Jüdinnen und Judentum in der Predigt und in der Katechese der katholischen Kirche, Vatikanische Kommission für die religiösen Beziehungen zum Judentum im Sekretariat für die Einheit der Christen vom 24. Juni 1985, 102.

72 Julia Feldbauer, *Theologische Anerkennung des Staates Israel*, Diplomarbeit Universität Salzburg, (2021, 45).

73 AFIDI.

74 Eine hervorragender Versuch, diese zu zeigen, findet sich in der TV Dokumentation "The Holy Land and Us", https://www.theguardian.com/tv-and-radio/2023/mar/14/the-holy-land-and-us-review-this-taboo-busting-look-at-israel-and-palestine-isnt-afraid-of-controversy, abgerufen 16.09.2023.

75 Im folgenden Abschnitt beziehe ich mich auf das Kapitel „Navigation der Individuen" (Rötting 2022, 163-179).

76 Salient, also „oben aufliegend", ist ein von Peter Burke (2009) und seinen Kolleg*innen in der Identitätstheorie oft verwendetes Konzept. Damit wird ausgedrückt, welche Aspekte und Identitätssets besonders wirkmächtig für die betreffende Person sind.

77 Rechtleitung (هدى / hudā) bedeutet im islamisch-religiösen Kontext die Leitung der Lebensführung und des Gemeinwesens gemäß dem Willen Allahs.

78 Zur Verbindung von Glück, Sinn und Spiritualität zeigt Tatjana Schnell (2016, 17) auf, dass ein wesentlicher Faktor die Erfahrung von Kohärenz ist, wobei Spiritualität eine sehr positive Rolle einnehme, da sie Kohärenz stiften könne.

79 Rötting (2013).

80 Siehe hierzu u.a. auch Ališauskienė (2012).

81 Eine detaillierte Übersicht zu den Ergebnissen der Metropolen findet sich in Rötting (2018).

82 Der von Caspar Schott eingeführte Begriff bezeichnet Bilder, die nur unter einem bestimmten Blickwinkel zu erkennen sind. Laut Baltrušaitis (1996) org. Anamorphoses (1984) hat Caspar Schott den Begriff im ersten Band, Teil 1, Buch 3, De magia anamorphotica, in seiner Magia universalis naturae et artis (Würzburg, 1657) als Erster gebraucht.

83 Exemplarisch: Im Interview mit dem New Yorker R. (NYC15, 5.3 und 1.2) wird besonders deutlich, wie „schräg" sich sein Leben für ihn in der Phase der Trauer über den Tod seiner Mutter anfühlt. Eine alternative Deutung der „Jungfrau Maria" als „göttliche Mutter" einer bekannten spirituellen Lehrerin half ihm, hier eine spirituelle anamorphische Perspektive zu erlangen.

84 Siehe McAdams (1993, 221).

85 In einem Dissertationsprojekt an der Universität Salzburg untersucht z.B. Sajhu Varagese das Verständnis der Beichte und anderer Rituale bei den zum Katholizismus konvertierten Adi, eine Ethnie in Indien an der Grenze zu China und Tibet. Sie lesen das Ritual im Kontext ihrer aus dem Polypaganismus kommenden Rituale zur Heilung und zum Umgang mit „bösen Geistern".

86 Siehe hierzu Martin Rötting (2018).

87 Siehe: Bernack, F. et.al.: *Kriterien für die Rezeption fernöstlicher Bewegungs- und Spiritualitätsformen innerhalb der kirchlichen Bildungsarbeit und Seelsorge in der Erzdiözese München und Freising*, München 2018. Zur Debatte auch z.B. im Evangelischen Kontext: https://www.confessio.de/artikel/1225, abgerufen 16.09.2023. Für die Diözese Wien: Baier, Karl. Yoga. *Geschichte und Verhältnis zum Christentum*, Werkmappe Baier, Karl, „Sekten, religiöse Sondergemeinschaften und Weltanschauungen" Nr. 96. Referat für Weltanschauungsfragen: Wien 2009.

88 „Es wird streng darauf geachtet, dass entsprechende Kurse ausschließlich im Sinne von Körperübungen durchgeführt werden, die zur Ruhe und Entspannung führen. Die Vermittlung von hinduistischen oder buddhistischen Glaubensinhalten muss ausgeschlossen sein. In der Praxis wird dies durch die entsprechende Auswahl der Referenten und durch die Prüfung des Kursinhaltes erreicht.", Wolfgang Stöckl, *Orientierungspunkte zur Durchführung von Kursen im Bereich der östlichen Meditationstechniken bzw. Körperübungen (z.B. Yoga, QiGong)*, Diözese Regensburg 204.

89 So etwa die Handreichung zu interreligiösen Schulfeiern der DBK (Bischofskonferenz 2003) und (Bischofskonferenz 2008) in gleicher Bezeichnung aber sehr unterschiedlichem Tonfall: *DBK, Arbeitshilfe* 170, *Leitlinien für multireligiöse Feiern*, 2003 und DBK, *Leitlinien für das Gebet bei Treffen von Christen, Juden und Muslimen, Arbeitshilfen* Nr. 170, 2. Auflage 24. Juni 2008.

90 Es handelt sich um Lassalle, H.M., *Zen, Weg zur Erleuchtung. Hilfe zum Verständnis. Einführung in die Meditation.* Herder, Wien 1960.

91 Persönliche Gespräche und Interviews im März 2023.

92 Gespräch mit I., 29.3.2023.

93 Hierzu siehe (Figl 2018) und zur Praxis in Verbindung mit dem Weltbild besonders (Figl 2009). Zur Sufi Bewegung Hazrat Inayat Khan's: (Sedgwick 2012).

94 Siehe hierzu: Berkmann (2017).

95 Vgl. hierzu Mercadante (2014) mit dem Hinweis auf den Wunsch der von ihr Interviewten SBNRler auf Zugehörigkeit zu Gruppen.

96 Vgl. hierzu die Studie zu spirituellen Wanderern, die bereits vor Jahren auf diese Tatsache aufmerksam machte: Bochinger, Engelbrecht & Gebhardt (2009).

97 Eine interessante Feldstudie und Analyse aus Indonesien bieten Zakaria, Busro, and Furqon (2018).

98 Siehe u.a Reichholf (2012).

99 Bahā᾽ullāh ist der Stifter des Bahaitums. Geboren 1817 in Teheran. In Bagdad erklärte er 1863, dass er ein neuer Gesandter Gottes sei und die Reihe der Propheten fortsetze.

100 Siehe K. Chung (2007).

101 Siehe hierzu unter anderem: Willms (2009) und Berzano (2018).

102 Siehe hier und im Folgenden: https://gfds.de/graswurzel/, 6.6.2023.

103 A.a.O. https://gfds.de/graswurzel/, 6.6.2023.

104 Ähnlich auch der Eintrag Graswurzel– im Anglizismen-Wörterbuch von Carstensen/Busse gehalten (2. Band, 1994); „Belege für Graswurzel-Arbeit, -Demokratie und »Graswurzelrevolution« sind für 1978–1983 notiert. Graswurzelbewegung bzw. -demokratie ist ein anschaulicher Ausdruck, der mit dem Bild der Graswurzeln – sie sind ja tief unten, erdnah – die gesellschaftlichen Verhältnisse spiegelt. Manchmal spricht man ja auch von Menschen (Politikern) mit Bodenhaftung“, https://gfds.de/graswurzel/, 6.6.2023.

105 Escobar, J. Samuel. “Religion and Social Change at the Grass Roots in Latin America.” *The Annals of the American Academy of Political and Social Science* 554 (1997): 81–103. http://www.jstor.org/stable/1049568.

106 Siehe hierzu: https://zeitpunkt.ch/index.php/node/4054, 6.6.2023.

107 Ein besonders eindrückliches Beispiel ist das Shambala Königtum der gleichnamigen buddhistischen Richtung, die bis zum Rücktritt des Leiters Mipham Rinpoche in der Führung der Gruppe auch autokratische Strukturen etabliert hatte.

108 Buddhistische Möncharmeen, auch im Dienst der jeweiligen Herrscher, gab es in vielen Ländern wie Thailand, China, Korea und Japan. Einen Überblick hierzu bieten Jerryson and Juergensmeyer (2010).

109 Siehe: Lancaster (1991, 22).

110 Siehe hierzu Yü (2001).

111 Siehe hierzu: Witte (2016).

112 Das folgende Kapitel findet sich in leicht abgewandter Form in der Festschrift für Perry Schmidt-Leukel. Rötting, “Interreligious Dialogue and the Future of Religion: Fractal Elements and Third Spaces.” Im Erscheinen, 2024.

113 Siehe hierzu Martin Rötting (2007, 107).

114 Siehe zum Freund-Fein-Begriff: Hahn (1994).

115 Die im Folgenden beschriebenen Phasen sind grundgelegt in Rötting (2007). Mit Blick auf die Anwendung in der Praxis, auch in Bezug auf interreligiöse Feiern siehe: Martin Rötting, Inan, and Sinn (2016).

116 Debatten zum Assisi-Modell finden sich in Riedl (2012), zum Treffen in Assisi direkt bereits früh Bürkle (1989). Vgl. auch der Artikel von A. Gerth im *Praxisbuch interreligiöser Dialog* (Rötting, Sinn & Inan 2016, 139).

117 Siehe: Bhaba (1994).

118 Diese Einschätzung zeigt sich besonders in den Interviews mit Vertretern des Beirates, des Vorstandes und zufällig gewahlten Vertreter*Innen der Religionen Berlins im Vergleich zum Ergebnis zweier Straßenumfragen. Siehe: Martin Rötting (2023). Gesellschaftliche Perspektiven auf das House of One-Projekt in Berlin.

Exemplarische Studien zur Innen- und Außenwahrnehmung, *CIBEDO-Beiträge* 4/2023, 154-161.

119 Eine Methode des interreligiösen Teilens heiliger Schriften, siehe: (Martin Rötting, Inan, and Sinn 2016, 461-471).

120 Siehe: Martin Rötting (2011).

121 Vgl. etwa die Interviewübersicht in Martin Rötting (2019), besonders die Übersicht der Analyseergebnisse ab S. 455.

122 Siehe: Panikkar and Panikkar (1999).

123 Ein guter Beleg ist die praktische Initiative der Landeshauptstadt München zur Weiterbildung von Imamen im Dialog und deren Reflexion. Siehe hierzu Fadai (2015). Die Weiterentwicklung findet sich in: https://www.muenchen.info/soz/pub/pdf/388_muenchen_kompetenz_broschuere.pdf, abgerufen 18.09.2023.

124 Siehe hierzu: Martin Rötting (2021b), (2020).

125 Siehe www.hdkrm.org, abgerufen 17.06.2023. Der Autor ist ehrenamtlich in diesem Projekt in der Leitung mit engagiert.

126 Die folgende Darstellung beruht auf dem Artikel „Gesellschaftliche Perspektiven auf das House of One-Projekt in Berlin. Exemplarische Studien zur Innen- und Außenwahrnehmung“. Die zugrundeliegenden Befragungen wurden 2022/2023 per Videointerviews und in zwei Straßenumfragen in Berlin durchgeführt. Rötting (2023b).

127 Siehe: https://house-of-one.org/de/the-house, abgerufen 05.05.2023.

128 Siehe: hdkrm.org, abgerufen 05.05.2023. Der Verfasser ist Mitinitiator des Projektes.

129 Siehe Martin Rötting (2021b).

130 Siehe: (Rötting 2019).

131 Stolte, Vortrag auf der Tagung Houses of Religions, 24.10.2019 in München.

132 Vgl. hierzu: https://martin-luther-king-memorial-berlin.de/medien/downloads/category/7-texte-dokumente, 12.05.2023.

133 Siehe hierzu: Haspel, Michael. „Das »Große Welthaus«: Martin Luther Kings Bedeutung für die Friedensdiskussion“ *Evangelische Theologie,* vol. 75, no. 5, 2015, pp. 341-357. https://doi.org/10.14315/evth-2015-0505.

134 https://house-of-one.org/de/konzept, 12.05.2023.

135 https://www.kirche-und-leben.de/house-of-one-christen-juden-und-muslime-beten-unter-einem-dach, 02.02.2023.

136 https://house-of-one.org/de/die-theologie, 02.02.2022.

137 Die Bewegung einer „abrahamic Religion“ ist nicht neu und taucht immer wieder auf, e.g 'Abrahamia', Siehe: https://kashmirobserver.net/2021/11/22/abrahamia-a-new-religion-on-the-horizon/ und https://timesofindia.indiatimes.com/life-

style/spotlight/viral-what-are-people-talking-about-the-new-abrahamic-religion/articleshow/87884751.cms, abgerufen 28.4.2021.

138 Siehe Harding (2000, 10).

139 Siehe: https://house-of-one.org/de/projektgeschichte, abgerufen 05.05.2021.

140 Ich danke an dieser Stelle Randa Abdulla (PLUS Salzburg) und Laura Brauer (HU Berlin) für die Durchführung der Straßenbefragung (22-23.02.2023) an verschiedenen Orten: Alexanderplatz, KaDeWe, Körperwelten, Spittelmarkt, Arabische Bibliothek, Sonnen Alle, Omer Bin Katteb Moschee, Rosenthaler Platz, Hackescher Markt, Museumsinsel, Frankfurter Tor und Boxenhagener Platz.

141 Siehe: https://www.abrahamicfamilyhouse.ae/, 25.04.2023.

142 https://www.tagesspiegel.de/gesellschaft/friedenssymbol-house-of-one-sorgt-fur-zwist-5696419.html, abgerufen 25.04.2023.

143 Expert*inneninterview mit der Hausleitung im Mai 2022.

144 Siehe hierzu: https://www.abrahamicfamilyhouse.ae, abgerufen 13.09.2023, (Fraternity 2021).

145 Böckenförde (2013, 112), Zuerst in: Ernst Wolfgang Böckenförde: Die Entstehung des Staates als Vorgang der Säkularisation. In: *Recht, Staat, Freiheit. Studien zur Rechtsphilosophie, Staatstheorie und Verfassungsgeschichte* (= Suhrkamp-Taschenbuch Wissenschaft. Nr. 914). Suhrkamp, Frankfurt 1991, ISBN 3-518-28514-9, S. 92–114, 112 (erweiterte Ausgabe 2006).

146 Siehe: http://www.fr-online.de/kultur/debatte/-freiheit-ist-ansteckend-/-/1473340/4795176/-/index.html, abgerufen 26.06.2023.

147 Sieh hierzu: Noelle-Neumann (1978). Reflexionen hierzu unteranderem bei Schönherr and Grübele (2011).

148 Habermas diskutiert dies etwas in der Debatte mit Ratzinger, siehe u.a. (Joseph Ratzinger / Benedikt XVI. & Habermas 2006).

149 Haus (2003).

150 Ein spannendes Beispiel ist ein Sonnwendfeuer, auch Johannisfeuer, das von einer Partei veranstaltet wird. Eine ästhetische Anspielung auf die NS-Zeit kommt hier unweigerlich auf: https://www.tips.at/nachrichten/voecklabruck/land-leute/570904-traditionelles-sonnwendfeuer-der-fpoe-mit-kickl-und-haimbuchner-in-schoerfling, 29.06.2023.

151 https://gideons.de, abgerufen 26.06.2023.

152 Vgl. u.a. hier: https://www.welt.de/politik/deutschland/article106179527/Verfassungsschutz-Koran-Verteilung-ist-Propaganda.html, abgerufen 26.06.2023.

153 Einen guten Überblicksartikel mit Einschätzung der Politisierung der Bewegung bietet: https://monde-diplomatique.de/artikel/!5711118#anker5, abgerufen 26. 06.2023.

154 Siehe hierzu mit Blick auf Vandalismus gegenüber buddhistischen Tempeln und Statuen: Tedesco (1997). Im Laufe der 2000er Jahre ebbte die konkrete Gewalt ab, verbal wird der Buddhismus aber auch aktuell noch in Predigten, etwa durch die Yoido Full Gospel Church, attackiert.

155 Siehe: https://www1.wdr.de/nachrichten/rheinland/erstmals-muezzinruf-in-koeln-100.html, abgerufen 26.06.2023.

156 Persönliche Feldbeobachtung in Seoul, U-Bahn, Februar 2016.

157 Eine empirische Studie mithilfe von Videoanalyse zur Interreligiöser-Kitt-These ist an der Universität Salzburg in Planung.

158 Siehe hierzu die Studie zur Pluralismus-Fähigkeit der Religionen an der Universität Münster von Perry Schmidt-Leukel und Mitarbeiter*innen: https://www.uni-muenster.de/Religion-und-Politik/forschung/projekte/c21.html, 19.09.2023.

159 http://www.birdskorea.org/Habitats/Wetlands/Saemangeum/BK-HA-Saemangeum-Samboilbae.shtml, abgerufen 3.07.2023.

160 Ein Verweis auf eine „Essenz der Religionen" taucht in Interviews immer wieder auf. Für die Religionswissenschaft, die in der Phase der Religionsphänomenologie selbst eine solche Essenz suchte und dann nach der kulturwissenschaftlichen Wende diese bzw. deren empirische Nachweisbarkeit ablehnt, stellt die akademische Einordnung vor diverse Herausforderungen.

161 Siehe hierzu Beispiele von Dialoglerntypen des Humanistischen Dialogtyps, die eine Essenz-Motivation in den Interviews kommunizieren (Martin Rötting 2011, 112-114).

162 Siehe zu den Ausführengen des folgenden Absatzes M. Rötting (2021a, 137-142).

163 Vgl. hierzu u.a. Wetzel (2020, 568f.).

164 Die Fähigkeit, interreligiös zu lesen, ist dabei für Peacebuilding-Prozesse maßgeblich. Vgl. hierzu Omer, Appleby, and Little (2015, 471).

165 Vgl. hierzu Apel (2006, 139f.).

166 Siehe: Rorty et al. (2009, 29).

167 Siehe zu Nostra Aetate: (Renz 2014).

168 Siehe hierzu etwa Strommer (2022).

169 Siehe Mercadante (2014, 108-109).

170 Siehe: https://buddhismus-deutschland.de/dbu/, 11.07.2023. Das Bekenntnis wurde 1984 als Präambel Bestandteil der Satzung und 2004 überarbeitet.

171 Siehe hierzu: Schlamelcher (2018).

172 https://www.jungtosociety.org/about/ngo/#eco-buddha, 11.07.2023.

173 https://chatgptx.de/, Anfrage „Wie sieht die Religion der Zukunft aus?", am 12.07.2023.

Martin Rötting / Christian Hackbarth-Johnson (Hgg.)

Spiritualität der Zukunft

Suchbewegungen in einer multireligiösen Welt

392 Seiten, 978-3-8306-7932-5

Studien zeigen, dass die Grenzen zwischen kirchlicher und religiös ungebundener oder gar säkularer Spiritualität höchst fließend geworden sind und dass sehr individuelle Übernahmen oder Mischungen aus verschiedenen spirituellen Traditionen entstanden sind und entstehen. Gerade im 20. Jahrhundert kam es im Westen zu einer Wiederentdeckung und Neubewertung von Meditation, Kontemplation, Mystik, nachdem diese Strömungen besonders im Gefolge von Reformation und Aufklärung weitgehend an den Rand gedrängt wurden.

Martin Rötting / Simone Sinn / Aykan Inan (Hgg.)

Praxisbuch interreligiöser Dialog

Begegnungen initiieren und begleiten

496 Seiten, 978-3-8306-7762-8

Interreligiöser Dialog begann mit mutigen Pionieren und ist inzwischen ein Kommunikationsraum, in dem viele Menschen unterwegs sind. In Kindergärten, Gemeinden und Schulen, am Arbeitsplatz und in der Arbeit mit Flüchtlingen spielt interreligiöse Begegnung eine alltäglich bedeutsame Rolle. Es entwickelt sich dabei ein offenes Verständnis von Dialog, bei dem Menschen jeden Alters und mit unterschiedlichen Biografien ins Gespräch kommen.